考える力を身につける

野球 練習メニュー200

個人技術・組織プレー

元 読売ジャイアンツコーチ
江藤省三 監修

池田書店

選手の長所を伸ばしてください

長年、指導に携わっていると、
いろいろな選手と出会います。
初めてボールを握る子供たちから、
プロを目指す社会人まで、
いろいろな選手と出会います。

どの選手も、野球が大好きです。
大好きだから続けています。

指導者は自分のエゴで、
選手たちの、この思いをつぶしてはいけません。
指導者は、試合に勝つことを
第一目的にしてはいけません。

1人ひとりの長所を探してください。
1人ひとりの長所を伸ばしてください。
そして選手たちを、もっともっと
野球好きにしてください。

本書では、200通りの練習法を紹介しました。
これらの練習方法が皆さんの選手たちの長所を伸ばし、
さらによいプレーができる参考になれば、幸いです。

JBBA

JBBA
JBBA

77

JBBA
JBBA
ETOH
80

本書の見方、使い方

練習メニューとねらい

練習の目的と内容です

簡易目次

練習メニューの検索に、ご利用ください

指導者MEMO

この練習の補足説明や注意するポイントをまとめてあります

投げる
捕る
打つ
走る
ピッチャー
キャッチャー
内野
外野
攻撃
守備
トレーニング

攻撃フォーメーション編

メニュー 119

バントの構えで走塁を助ける

人数　グループ

時間　3分程度

ねらい　走塁を成功させるために、
バッターがバントの構えをしてランナーを走りやすくする状況を作ります。

やり方

①内野は守備につきランナーを一塁に置く

②ランナーが盗塁をねらいスタートをきる

③バッターはバントの構えをしてキャッチャーのけん制を遅らせる

④バッターは順々に交代する

⑤上記②～④を繰り返す

バントの構えををする

キャッチャーがプレーの善し悪しを判断するとよい

指導者MEMO　盗塁をねらうときに、バッターにバントの構えをとらせて、キャッチャーにけん制球を投げにくくさせます。この作戦はノーアウトで使います。指導者はタイミングを見計らい、走塁とバントの構えの指示を出しましょう。

ワンポイントアドバイス

バットで投球の軌道をギリギリまで隠すように構えます。また、バントに警戒してファーストが前進するため、ランナーがスタートしやすくなります。

Development practice

発展練習　ランナーの位置や目的を変える

同じシチュエーションで、送りバントをしたり、ランナーを三塁に置いてスクイズをしたりします。全ての合図をサインにすると、サインを覚えたり、考えてバントするようになってきます。

指導者の知恵袋　相手の守備力と連携力を見極める

試合開始後、1、2回は相手の連携力を見るとよいでしょう。ベースカバーに入れているか、つっ立っている選手や判断が遅い選手は誰かなどが見るポイントです。相手の連携力が低いほど、この戦術が成功しやすくなります。

152

ポイント・コラム

この練習の発展系やしてはいけない指導例、まめ知識を紹介しています

各項目の内容を説明しています。はじめて本書をご覧いただく時に、お読みください。

攻撃フォーメーション編

メニュー 120

ダブルスチールをねらう

人数　グループ

時間　3分程度

ねらい　走者一、二塁の場合、両者が同時に盗塁をねらい、相手の動揺を誘うことで成功を目指します。

やり方

①内野は守備につきランナーを一、二塁に置く

②ランナーが盗塁をねらい、2人同時にスタートをきる

③バッターは空振りをしてキャッチャーのけん制を遅らせる

④バッターは順々に交代する

⑤上記②～④を繰り返す

ランナーは、できるだけ同時にスタートする。
バッターは状況を見て、空振りする。

指導者MEMO　ダブルスチールをねらうには、1アウトまでに行ないます。また、三塁への盗塁を100%成功させることが重要です。そのため、三塁に投げにくい左ピッチャーやキャッチャーの肩が弱い場合はチャンスです。

ワンポイントアドバイス　指導者のサインを確認し、相手チームに見破られないように同時に走るようにします。

投げる　捕る　打つ　走る　ピッチャー　キャッチャー　内野　外野　攻撃　守備　トレーニング

153

練習データ

人数や練習時間、必要な道具をまとめています

ワンポイントアドバイス

練習時に注意するポイントをまとめてあります

写真やイラストとやり方

練習のやり方を写真やイラストと文章で解説しています。全体の流れは「やり方」を、ポイントの詳細やイメージ作りは「写真やイラスト」と「その下の文」を、それぞれご覧ください

江藤流 指導者の心得

どこを見て、何を、どうするか

いろいろな野球講習会に行くと、ほとんどの指導者の方に、「こういう選手がいるのですが、どう直したらよいですか?」と聞かれます。

確かにどの指導者も勉強をされ、自分なりの目標を持っているとは思います。ですが、何を比較の対象にしているのでしょうか?

また、比較の対象に達するだけの、指導者としての力量をお持ちなのでしょうか?

屈指の技術を持つプロ野球の選手達でさえ、指導者によって技術が伸びたり、伸び悩んだりします。

そのくらい、指導者の力とは大きいものなのです。

そう考えると、今チームにない武器を作るよりも、すでにチームが持っている武器を使った方が、チームの伸びは早いと思います。選手の欠点を直すのではなく、長所を伸ばす方が、強いチームへの近道なのです。

ここでは、私が実践している選手の伸ばし方やチームの伸ばし方を紹介したいと思います。詳しい紹介はこの後にしますが、主に次の3つを頭においています。

よいチーム作りの3要素

1 選手個々の、欠点よりも長所を見て伸ばす

2 グループ毎に相手の能力を理解し、思いやりを持つ

3 チームは、上手な選手に頼るのではなく、全員の総合力

江藤流
指導者の心得

個人の評価

私が最も大切にしていることは、「選手個人の長所を探すこと」です。逆に注意していることは、欠点を直すことにこだわらないことです。

ピッチャーの場合は投げ方、バッターではスイング、野手では守備を見たときに、欠点ではなく長所を見るようにしています。長所をどんどん褒めて、さらに伸ばしていくとが選手を野球好きにさせ、実力を伸ばしていくことになります。

選手個人の長所を探すこと

選手の年齢に合わせた指導を

指導者は選手の年齢に合わせて基準を持つことが大切です。中学生と社会人を同じ基準で指導しても選手は伸びません。個々の年齢に合わせ、進路や目標を長期的に考えることが大切です。

個々に合わせた練習メニューを

チームの練習を見ていると、全員で同じメニューを一日中こなしている風景をよく見ます。

全員が同じメニューをこなすだけでは個性を伸ばす練習になりません。午前中に全体の練習をしたら、午後は個々のメニューを取り入れた練習をしましょう。

個人をしっかりと見てあげることが重要なのです。

指導は長期的視野を持って

選手の指導を短期でできると思っている指導者が多く、疑問を持つことがあります。

長期的に考え計画性を持つために、指導者は選手個人の長期的なメニューを作りましょう。そして、練習のメニューに個別の練習を多く入れるようにしてください。

進度表で上達チェック

練習中に測定した数値を、定期的に記録していくものが進度表です。2週間に1度や、1ヶ月に1度など、定期的に記録しておくと、技術や体力の向上、練習の成果が数値化されます。これにより、選手の成長度だけでなく、練習の効果も確認できます。

江藤流
指導者の心得

グループの評価

バッテリーや内野同士、外野同士など、グループとしての能力を発揮させるためには、呼吸を合わせることが大切です。そのためには、お互いの能力を理解し、思いやりを持って相手に合わせながらプレーすることができるかが大切です。

普段からの、個人練習が大事

大会などに向けてメニューを組み、その中でグループでの練習をしていきますが、社会人などは時間的な制約があるでしょう。その場合は、個人が自分でどれだけ練習するかが重要になってきます。グループ力をあげるために個人の努力も大切なことを、指導者は伝える必要があります。

江藤流
指導者の心得

チーム全体の評価

私が目指すチームは、打撃力、守備力、走力、投手力がすべて80ポイント(P)以上のチームです。

打撃力が100Pでも、走力が30Pのチームでは勝てません。自分たちに足りないものを理解し、それを約8割の成功率にあげていくことが大切です。

また、弱い項目(現状を100Pとすると)に対して選手一人一人が5〜6Pのレベルアップをすれば、チーム力は5〜6P×9人で約1.5倍も強くなります。

チーム全体で何が強く、何が弱いのかを明確にするために、進度表をこまめに作成して、すべての項目で80Pを超えられるようなチームを作っていきましょう。

進度表サンプル（野手1）

※ここでは、実際にプロ野球で使っていた進度表を紹介しています。項目数や内容は、チーム力に合わせて調整してください

氏名				投			身長			年令		
				打			体重			年数		
月　日			／	／	／	／	月　日		／	／	／	／
打力	速球	外角					ヒッチ					
		内角					アッパーカット					
		高い					重心の移動					
		低い					前肩を早く開き過ぎる					
	カーブ	外角					回復力	精神面				
		内角						技術面				
		高い						体力面				
		低い					守備の総合力					
バッティングの総合力							一塁　二塁　三塁　遊撃					
パワー							全体の動き（内野）	正確さ				
飛距離								速さ				
打球の速さ							出足	打点への集中力				
球の捉え方								右側				
選球眼								左側				
タイミング								前方				
リストの強さ								幅の広さ				
振りの速さ								クロスオーバーステップ				
確実性							捕球動作（グローブ捌き）	前進				
器用さ								右側				
積極性								左側				
ヒットエンドラン								正面				
犠牲バント							捕球姿勢					
ドラッグバント							ボール際の強さ					
バスター							ポップフライに強い					
走者の後に打つ							プレーをあきらめない					
状況判断力							カバーリングを忘れない					
ストライクゾーンの把握							ダブルプレー	投げる人				
第一打席で力を出す								キープレーヤー				
サインプレーが出来る												
サインの見方							ランダンプレー	投げる人				
タイムリーな打者								タッチする人				
打席での闘志								判断				
相手守備陣型への観察力												
記憶力							けん制プレー					
研究心							サインプレー					
考え過ぎる							カットマンの位置					
踏み出し							アドバイザーの声					

進度表サンプル（野手2）

※ここでは、実際にプロ野球で使っていた進度表を紹介しています。項目数や内容は、チーム力に合わせて調整してください

性格					
月　日		／	／	／	／
カットマンのスローの正確度					
リスト　スロー					
ランニング　スロー					
反転スロー					
二者間の打球判断	一塁手				
	二塁手				
	三塁手				
	遊撃手				
守備の総合力					
左翼　中堅　右翼					
全体の動き（外野手）	正確さ				
	速さ				
出足	打点への集中力				
	右側				
	左側				
	前方				
	後方				
	幅の広さ				
	クロスオーバーステップ				
フライ捕球	右側				
	左側				
	前進				
	後方				
前進ゴロの捕球					
ボール際の強さ					
フェンス際のフライ捕球					
リバウンド処理					
外野手間の声の連携					
スライディング キャッチ					
風に対するフライの判断力					
打者にシフトする					
次のプレーを考える					
状況判断力					
判断力					
バックアップを忘れない					

月　日			／	／	／	／
ベースランニングの総合力						
スピード	一塁まで					
	二塁まで					
	一周					
スチール	リードオフ					
	スタート					
	スライディング					
打球判断力						
スローイングに対する走者の判断力						
積極走塁（決断力）						
一死三塁走者のゴロに対するスタート						
三塁走者の儀走						
相手守備者への観察力						
凡打に対する一塁疾走						
ヒットエンドラン時の一塁走者の視線						
状況判断力						
練習意欲						
向上心						
理解度						
習慣性（忍耐力）						
実行性						
独立心						
協調性						
体力	下肢の強さ					
	上体の強さ					
	筋力	腹筋力				
		背筋力				
		肩				
		腕　力				
	リストの強さ					
	柔軟性					
	スタミナ					
	スピード					
	反射神経					

江藤流
指導者の心得

進度表サンプル（投手）

※ここでは、実際にプロ野球で使っていた進度表を紹介しています。項目数や内容は、チーム力に合わせて調整してください

氏名		投		身長		年齢		性格	
		打		体重		年数			

ピッチングの総合力		／	／	／	／	積極性			／	／	／	／
ストレート	速さ					マウンド度胸（気力）						
	切れ					回復力	精神面					
	コントロール						技術面					
カーブ	角度						体力面					
	切れ					球質						
	速さ					バランス						
	コントロール					ステップの方向						
シュート	切れ					膝の状態						
	速さ					腕の振り						
	コントロール					肘手首の使い						
スライダー	切れ					体力	下肢の強さ					
	速さ						上体の強さ					
	コントロール						筋力	腹筋				
他	切れ							背筋				
	コントロール							肩				
ピッチングの巧さ								腕				
チェンジアップ							リストの強さ					
クィックピッチ							柔軟度					
有走者のピッチング							スタミナ					
投手守備	Pゴロ						スピード					
	バント守備						反射神経					
	判断力					コンディショニング						
フットワーク						練習意欲						
各塁へのスローイング						向上心						
1Bけん制						理解度						
2Bけん制						習慣性（忍耐力）						
カバーリング						実行力						
バック・アップ						独立心						
サイン・プレー						協調性						
ピッチングの組み立て						打力						
打者への洞察力						バント						
状況判断力						ベース・ランニング						
決断力						バスタード・バント						
記憶力						走塁						

進度表サンプル（捕手）

※ここでは、実際にプロ野球で使っていた進度表を紹介しています。項目数や内容は、チーム力に合わせて調整してください

氏名		投		身長		年齢		性格	
		打		体重		年数			

月		日	／	／	／	／	月	日	／	／	／	／
打力	速球	外角					研究心					
		内角					考え過ぎる					
		高い					踏み出す					
		低い					ヒッチ					
	カーブ	外角					アッパーカット					
		内角					重心の移動					
		高い					前肩を早く開きすぎる					
		低い					回復力	精神面				
バッティングの総合力								技術面				
パワー								体力面				
飛距離							守備の総合力					
打球の速さ							キャッチングポジション					
球の捉え方							キャッチング	速球				
選球眼								変化球				
タイミング								外角球				
リストの強さ								内角球				
振りの速さ								高目球				
確実性								低目球				
器用さ								ワンバウンド				
積極性							フットワーク					
ヒットエンドラン							タッチプレー					
犠牲バント							ブロック					
ドラッグバント							カバーリング					
プレス・ヒッティング							フライボール					
打者の後ろへ打つ							バント処理					
状況判断力							サインプレー始末	けん制				
ストライクゾーンの把握								ピックオフ				
第一打席で力を出す								バントシフト				
サインプレーが出来る							バント守備の野手への始末					
サインの見方							送球塁の始末					
タイムリーな打者							カットマンへの始末					
打席での闘志							ランダンプレー					
相手守備陣型への観察力							一、三塁走者のダブルスチール防止					
記憶力							打者にシフト（始末）					

プロの練習と試合の流れ

時　期	項　目	内　容
11月	秋季キャンプ	徹底的にしごき、体力や技術を上げる。体力の限界まで追い込む練習をする
12月〜1月	休み	選手個々のプロ意識に任せる時期。プロ意識が高い選手は、早めに自主トレをはじめる
2月	春キャンプ	3月に向けての準備期間。選手の身体が壊れない程度の激しい練習で、体力と技術を強化する
3月	オープン戦	選手個々の体力や技術を調整する。翌月からの公式戦に向けて、試合勘を取り戻す時期
4月〜10(11)月	シーズン	体調の波やスランプに陥らないように気をつけ、一定レベルをキープする練習を続ける時期

江藤流
指導者の心得

時期毎の指導者の心得

11月

11月は超強化の時期。身体と技術を徹底的に鍛えます。昨年の体力や技術を越えるために、身体を限界に追い込むくらい練習をします。

2月

2月は強化と調整の時期。11月に鍛えた身体と技術を、スリムアップして自分のモノにします。危機意識やプロ意識の高い選手は、この前の段階で個々に調整をし、この時期の練習にのぞみます。

3月

3月は、オープン戦が始まり、身につけた技術を実戦用に微調整する時期です。個々の技術だけでなく、チーム全体の総合力も含めて、この時期に磨きをかけます。

4月

4月からは、公式戦が始まります。私の経験から言うと、5月にはほとんどのチームに、下り坂がやってきます。期待していた選手の故障や、チーム力やグループ力がチグハグになってくるのもこの時期です。こういった事態を指導者はある程度予測し、その場合の対処法を日頃から考えたり、落ち着いて対応することが重要です。

バイオリズム表で選手を把握

指導者は、日ごろから選手のバイオリズムを表にしておくといいでしょう。バイオリズムが上がっている選手を試合に起用すると、結果も良くなります。選手自身が自覚するためにも大切です。

シーズン中の体調や、精神的、技術的バイオリズムを表にして記録をつける習慣を持ちましょう。

アマチュアチームは

ここで紹介したプロの練習と試合の流れは、どの立場のチームにも応用できます。

どんなチームでも、目標とする大会があると思います。その大会に向けて、①がむしゃらに練習する強化の時期②練習試合を繰り返して調整する時期③本来の力をコンスタントにだせる維持の時期、という3段階に分けた視点と考えを持ってみてください。そうすることで、今、何をしなければならないかが見えてくるはずです。

江藤流
指導者の心得

必敗法に学ぶ、勝つための戦略

あるプロ野球の常勝チームが作成したマニュアルには、「野球必敗法」が74項目書かれています。
世の中にはたくさんの「必勝法」があります。ですが、必ずしも実践できる内容でなかったり、とうてい夢物語としか思えないような理想論が書かれていることがほとんどです。
その点この必敗法は、誰もが「そんなことしていたら勝てないよ」という内容ばかりです。そんな当たり前のことを、当たり前のように意識し、実践できるチームこそ、実は強いチームなのではないでしょうか?
そのような思いから、この「必敗法」のいくつかの項目を紹介したいと思います。

心得編

1.正しい体づくりをし、ベスト・コンディションに保つことをしない
2.選手たちが、自らの弱点を克服するための練習をしない
3.サインを見落とす
4.野球のルールを充分に知らない
5.各イニングごとに、点差や風向きを確かめない
6.くどくどと弁明をする
7.控え選手が、いつ声がかかってもよいような準備をしていない
8.グラブやスパイクなど、用具の手入れを怠る
9.相手チームのプレーを観察しない
10.ベンチが適切なアドバイスをしない

江藤指南

選手1人1人ができることをしない、できないことをしようとしない。このようなチームは、指導者やベテラン勢が怠惰になってきている証拠です。指導者は率先して動き、行動で示すことを怠ってはいけません。

江藤流
指導者の心得

必敗法に学ぶ、勝つための戦略

投手編

1.クイック投法ができない
2.守備が下手(基本に忠実でない)
3.相手の投手に四球を与える
4.味方が大量リードしているのに、慎重に投げすぎる
5.塁を正しくバックアップしない
6.後に強打者が控えているにもかかわらず、弱打者を簡単に歩かせる
7.カウント2−0から無造作に投げる
8.無死または一死で走者三塁、内野が前進守備という局面で、高めに投げる
9.二死満塁、カウント2−3で大きくワインドアップする
10.自分の身体の故障を、監督やコーチに報告しない

江藤指南

セオリーの無視や、野手としてのプレーを怠るのは、よい選手とは言えません。しかしピッチャーは、一番プレッシャーを受けるポジションなのも確かです。周りの選手が、どれだけ積極的な声かけやフォローをしてあげられるかが大事です。

攻撃編

1.バントができない
2.犠飛が打てない
3.不調な相手投手に対し、四球直後のファーストストライクを狙う
4.2ストライク後、打者が投手の投球に“ヤマ”を張る
5.無死一塁か二塁、もしくは一、二塁のとき、左打者が引っぱらない
6.ただフライを打てればよいシーンで、大振りをする
7.スクイズ・バントのとき、打球をきわどい所へ決めようとする
8.ヒット・エンド・ランのとき、強振する
9.盗塁を助けない
10.他の選手との連携を心がけない

江藤指南

機動力を活かす場合、打つだけでなく、周りの選手の状況把握や判断が必要不可欠です。絶好球だから打つ、きわどいコースだから見逃すという、自分の立場だけではダメ。進塁しやすいコースへ打ったり、走塁を助けるような空振りなど、周りを見ながらのプレーこそが得点に結びつきます。

江藤流
指導者の心得

必敗法に学ぶ、勝つための戦略

守備編

1.外野手が、内野手の守備範囲を超えかけたフライを追わず、声もかけない
2.外野手が間違った塁へ送球し、走者をスコアリング・ポジションに進める
3.ワイルドピッチに対して、キャッチャーが身体で投球を止めない
4.外野手がカットオフマンの頭越しに返球する
5.外野手が、ゴロの打球に突っこまない
6.自チームがリードしているとき、併殺に当たって「まず一死を確実に取る」ことをしない
7.外野手が、他の外野手のバックアップを怠る
8.相手ランナーが二盗を試みたとき、センターが二塁をバックアップしない
9.犠牲バントのとき、ピッチャーがまずランナーを殺そうという意欲ももたず、バントのしやすい投球をする
10.ゴロをさばこうとする内野手の後ろを、失策もあり得ることも考えず、外野手がバックアップしない
11.内野手がゴロに突っこまず、逆にボールにほんろうされる
12.バントもしくは当たりそこねのゴロのとき、キャッチャーが野手に指示をしない
13.打球が自分のところへくる前に、自分のやるべきプレーをあらかじめ考えておかない
14.グラブをベースの前に置き、ランナーの方からタッチさせることをせず、グラブでランナーを追う
15.打球をファンブルした後、まずボールを追わず、ランナーを目で追いながら捕ろうとする
16.ポップ・フライに対して、内野手が大声や態度で示さない
17.フェンス近くに飛んだ高い打球に対し、まずフェンス際へ走り、フェンスから離れてクッション処理をするという守備の基本を無視する
18.ピッチャーゴロの際、キャッチャーや二塁カバーに入る野手が声をださない

江藤指南

得点を与えなければ、試合に負けません。そのためには、このような1つ1つのプレーを怠ってはいけません。特に大事なのは、投球に入る前に自分のプレーを想定しておくこと。この準備だけで、ミスを防ぐ可能性が高くなります。

必敗法に学ぶ、勝つための戦略

走塁編

1.スコアに無関心なランナー
2.進塁する前に、先行ランナーに注意しない
3.外野への単打のとき、一塁への全力疾走を怠り、一塁でターンもしない
4.ダブルプレー防止のためのスライディングをしない
5.二死で三塁ランナーのとき、けん制で刺される
6.負けているときに、けん制でアウトになる
7.クロス・プレーの際にスライディングせず、突っ立ったまま塁に突っこむ
8.二塁ランナーのとき、自分の右側への打球にも関わらず三塁へ進塁しようと飛びだす
9.タッチアップのチャンスに、走りださない
10.安易な守備妨害をしたり、打球に当たる

江藤指南

走者は、味方のチャンスを広げていると同時に、相手に複数のアウトを与えてしまう立場でもあります。このようなリスクを考えないと、安易なミスでアウトを取られてしまいます。慎重かつ大胆なプレーが要求されるのが、ランナーです。

反省事項こそ必敗法

どんな選手も必ずミスをします。それは仕方のないことですが、「仕方ない」で済ますと、何の教訓にもなりません。そこで、私がおすすめしたいのが、チーム毎に必敗法を作ること。

試合中や練習中のミスを書きとめておくと、二度とこのようなプレーをしてはいけない、という戒めになり、チームみんなで作り上げた教訓になります。

Column About the Baseball

指導者のためのコラム

理想的だった、チーム強化の体験

1995年に千葉ロッテの監督となったバレンタイン監督の練習は、理想的で衝撃を受けました。

私は1980年から15年間ジャイアンツのコーチを務めた後、彼がロッテの監督になると同時に、同チームのコーチになりました。

それまで、マンネリ化した練習をしていたロッテは、最下位に落ち込んでいましたが、監督に就任したバレンタイン氏は、大リーグの練習方法を持ち込み、一気に選手の意識改革に取り組んだのです。

日本の野球チームでは初めて、アメリカのアリゾナ州ピオリアでキャンプを開きました。

ここは4つのグラウンドが並んでおり、真ん中に司令塔という建物が建っています。

4チーム同時に練習でき、指導陣は司令塔から、まんべんなく練習を見られるのです。

このような場所だからこそ、効率のよい練習ができるのだ、と思ったものです。

また日本では通常、1軍と2軍に分けられます。グラウンドも別、練習メニューも別、試合に使われるサインも別で、それぞれの練習をします。ところが彼は1軍2軍に関係なく、よいプレーをする選手順にチームを3グループに分ました。そして、3つのグラウンドを使って、同時に練習をさせました。

すると練習の効率が上がるばかりでなく、選手自身が緊張感を保って練習に励むというメリットがありました。なぜなら、よいプレーをするとすぐに上のグループに昇格できるからです。

こうしてシーズン前から選手自身のモチベーションが上がり、その年には10年ぶりのAクラス入りで2位という好成績を残しました。

練習内容は、工夫次第でチームが強くも弱くもなります。選手のやる気を引きだすような練習内容を考えていくことが、監督やコーチの大きな役割となると、身をもって知らされたキャンプでした。

Contents

目次

Contents

守備の基本練習

「投げる」編

1度クセのある投げ方になると、なかなか治りません。
何度も反復して、正しい投げ方を習慣化しましょう。

送球の基本

POINT 1 体重を後ろ足に乗せる

POINT 2 腕を前後に開き、ステップする足を踏み出す

POINT 3 腕の角度を直角にキープして手首のスナップを使う

ボールの位置

身体の左右の中心に置く

上半身

上半身を真っすぐに立てて、腕を前後に開き、右腕は真後ろにテイクバックする

腕

身体の中心から円を描くように腕を回し、ムチのようにしならせて投げる

POINT 4 ボールをが真っすぐ縦回転するようにオーバースローで投げる

POINT 5 投球後は、十分なフォロースルーをとる

POINT 6 体重を前の足に乗せる

ヒジ

ヒジの角度を直角に保ち、手首のスナップを使う

つま先

ステップした足はかかとから着地し、つま先は投げる方向に向ける

体重移動

リリースで後ろ足（軸足）を強く蹴り、全体重を前足に乗せる

送球の基本解説と練習方法

ボールの位置　身体の左右の中心に集める

上半身　体軸を真っすぐに立てる

腕　身体から円を描くように腕を回す

ヒジ　ヒジの角度を直角に保つ

つま先　前足のつま先は投げる方向に向ける

体重移動　全体重を前足に移動させる

メニュー001 ヒジを90度にして投げる

人数 1人

時間 3分程度

ねらい ヒジを90度より開かずに投げるのが基本です。開くと力が入りづらいばかりかヒジを痛めやすくなります。

両ヒジの角度を
90度にする

背骨を中心に
両ヒジを前後に回す

やり方

①正面を向き、両ヒジを肩の高さまで上げ、ヒジを直角に曲げる

②投げる方のヒジを身体の後ろへ引き、反対側のヒジを投げたい方へ向ける

③ヒジを90度より開かないようにし、身体の回転を利用し投げる

④上記②～③を繰り返す

投げた方向に
腕を伸ばす

投げたい方向へ
腕を伸ばす

指導者MEMO

この投げ方ができないと、球威が弱くなったり、遠くへ投げられなかったりします。また、ピッチャーの場合には、テイクバックのときにボールの握りが見えてしまい、球種やコースを知られてしまいます。

ワンポイントアドバイス

「ヒジを90度よりも開かずに投げる」動きを徹底させてください。投げ方に悪いクセがつくと、なかなか直らなくなります。

メニュー 002 腕を引き上げて投げる

人数　ペア

時間　5分程度

ねらい

手首の回転を使って投げる練習です。
下がっている腕を引き上げながら、手首のスナップを利用して投球します。

横向きで
ボールを拾う

ヒジを上げる

ヒジが肩より上がったら
手首を外側へひねる

手首を返すように
投げる

やり方

①足は肩幅より広く構え横を向く。両手は下げておく

②ボールを拾いながら手首を曲げ、ヒジと一緒に持ち上げる

③後ろにボールが見えるように手首を返す。この時ヒジは90度

④手首の回転を意識してボールを投げる。これを一定時間、繰り返す

指導者MEMO

上手く手首のスナップを使えないと、送球のコントロールも球威も悪くなります。この練習は、手首のスナップの使い方を確認できるよい練習方法です。また、イップスの矯正としても有効です。

ワンポイントアドバイス

下ろしている手を引き上げる時点で手首を少し曲げ、手首に軽い緊張感を持ちます。投球で手首の回転が使えるようにヒジを肩より上げ、手首を外側へひねります。

メニュー003

2m離れたところからトスしてもらい、投げる

人数 ペア

時間 5分程度

ねらい 捕球してから投げるという一連の動きを覚える練習です。捕球後、一度身体の中心にボールを持ってくることがポイントです。

投げてもらったボールを捕り、身体の中心に持ってくる

両手を大きく開いて投げる。これを一定回数、繰り返す

やり方

①2mほど離れたところから、ボールをゆっくり投げてもらう

②素手でキャッチしたボールを身体の中心に収める

③ボールを持つ手は後ろへ、逆の手は前へ、両手を大きく離す

④狙ったところへ投げる。これを一定回数、繰り返す

指導者MEMO

捕球後は、どのような体勢でも、必ず身体の中心に両手を持ってくることが大事です。送球を焦ると、この動きがおろそかになりがちです。できないようであれば、捕球→身体の中心に持ってくる→送球と、ゆっくり動かして動きを確認させます。

ワンポイントアドバイス

キャッチしたボールは両手で必ず身体の中心へ持ってきます。そこから、ボールを持つ手は後ろへ、もう一方の腕は投げる方向へと両手を左右に離して投球します。両腕を身体の中心から大きく広げさせてください。

発展練習 Development practice

ボールの半分に色をつける

正確な送球ができているかは、ボールが縦に回転しているかを見ます。ボールの半分を黒く塗ると、この回転が見やすくなります。真っ直ぐ回転していれば、投げたボールは黒と白がはっきり分かれて見えます。

上手くいかなければ…

握り方の確認

ボールに上手く回転がかからない場合は、握り方を確認しましょう。人差し指と中指の間は指が1本入るくらい開き、指先はボールの縫い目に引っ掛けます。

メニュー004 目的を持ってキャッチボール

人数 ペア

時間 5分程度

ねらい キャッチボールの中で
①ステップの方向　②ヒジの高さ　③ボールの回転　を意識させ基礎を定着させます。

ボールを投げる時に踏み出した足は着地で少し内側を向け、親指の付け根に体重を乗せる

手からボールが離れた時点で、つま先を目標に真っ直ぐ向ける

やり方

①2人で向かい合う

②1人がボールを投げる。その時に目的のどれか1つを意識する

③捕る側も、投げる側ができているかチェックする

④お互いに一定時間、②と③を繰り返す

指導者MEMO
ステップなら、踏み出す足のつき方や投げた後のつま先の方向を、ヒジなら、角度が90度以内になっているかを確認してください。回転は、ボールが真っ直ぐ縦方向に回転しているかを確認しながらキャッチボールをさせます。一度に複数の要求をせず、常に1つずつ意識させます。

メニュー005 4人1組でキャッチボール

人数 グループ

時間 10分程度

ねらい 左右に投げ分けたり、効率よくキャッチボールができる方法です。
2つのグループを作れば、8人同時にキャッチボールができます。

練習場所が狭い場合は、8人同時にキャッチボールができる

やり方

①4人のグループを2つ作る

②それぞれのグループが四角形になる

③あらかじめ決めた回数をこなしたら、回す向きを変える

④これを2、3セット繰り返す

指導者MEMO
ここでは4人1グループのやり方を紹介していますが、5人や6人でグループを作ると、さらに効率よく練習ができます。また、同じ方向だけにボールを回すのではなく、笛の合図で変えるなどをすると、より集中して練習できます。

メニュー006 ヒザをついてのキャッチボール

人数　ペア

時間　5分程度

ねらい　上半身の動きを確認するための練習方法です。腕と腰を、大きく正確に動かすことが大事です。

メニュー002の
腕の動きを意識する

キャッチして
送球を繰り返す

やり方

①2人1組になり10m間隔で立つ
②その場でヒザをつく
③キャッチボールをする
④指導者は上半身の動きが正しいか確認する
⑤上記③〜④を繰り返す

指導者MEMO

下半身の動きを制限することで、上半身の動きを確認し強化します。肩、ヒジ、手首のそれぞれの動きの正確さを確認してください。練習前に、シャドーで動きを確認するのもよいでしょう。

ワンポイントアドバイス

身体全体を使えない分、普段より力が入り、上半身があおられて頭が前のめりにならないよう注意しましょう。また、遠くに投げる意識が強すぎてヒジが90度以上に開かないようにしてください。

発展練習 Development practice　捕球練習とミックスで

上半身が上手く使えている選手たちは、この練習は確認程度で結構です。その場合、メニュー022のようなハンドリング練習とミックスしたり、バウンドを混えたキャッチボールなどをすると、ハンドリングや捕球の練習にもなります。

指導者の知恵袋　実戦の動きにつなげる

これは、上半身の使い方を覚えたり、確認する練習法です。このような練習方法は、単独でやるだけでは実戦の動きにつながりません。続けてキャッチボールや守備練習など、実戦要素の強い練習へ移行するとよいでしょう。

守備の基本練習 ◎ 投げる編

メニュー007

歩きながらキャッチボール

人数 ペア

時間 5分程度

ねらい 「捕る、ボールを握りかえる、投げる」という送球に必要な基本のリズムを、歩くステップの中で覚えます。

左足を踏み込み
ボールをキャッチする

右手にボールを握りかえる時に
右足を出す

左足を踏み出しながらボールを引き、
その足に乗り込みながら投げる

右足を出しながらバランスをとり、
捕球の準備をする

やり方

①2人1組になり10m間隔で立つ

②一方が前へ、もう一方が後ろへ歩きながらキャッチボールを始める

③前へ歩く人が「1，2，3」のリズムで送球する。右利きの場合、左足をだすタイミングで投げるようにステップを合わせる

④端まで進んだら反対方向へ歩き、もう一方の人の練習をする

⑤上記②～④を一定時間や回数、繰り返す

指導者MEMO

送球の基本である「ステップ＆スロー」を、前方へ歩きながら覚えます。全ての送球を、必ず1歩踏みだしながらできるように何度も練習させせます。捕球から送球までののリズムが合っているか常にチェックします。

ワンポイントアドバイス

多少タイミングがずれても、常に歩き続けることが大事です。リズムが乱れた場合には、捕るタイミングにステップを合わせると、スムーズな投げ動作につながります。

メニュー 008 けんかキャッチボール

人数 ペア

時間 30秒

ねらい
ボールを捕ってから投げるまでの早さを身につけます。
確実な捕球を大事にしながら、送球までの動きの早さを習慣化します。

正確にボールを捕る

すぐに持ちかえ
送球する

やり方

①2人1組になり18m間隔で立つ

②30秒間に往復10回以上キャッチボールをする

③4セット繰り返す

指導者MEMO
必ずタイムを測り、記録してください。まずは10回が目標です。短時間で集中して練習させてください。ちなみにプロでは30秒間で17回こなします。

ワンポイントアドバイス
早い送球をするには、正しい捕球を意識します。できるだけ身体の正面で捕球し、胸に引き寄せながら握り変えて送球する動きにつなげます。

メニュー 009 遠投

人数 ペア

時間 10分程度

ねらい
肩関節の動きをスムーズにし、
遠くまでボールを投げることで肩を強化する練習です。

助走をつけて、投球の構えに入る。
頭の位置に気をつけて投げる。

やり方

①3～5歩助走をつける

②軸足（後足）へ体重を乗せ、前足に体重を移す

③前足の拇指球で踏み込み、ヒジが90度以上開かないように投げる

④低い軌道を意識し、頭が下がらないように頭を上げる

⑤一定時間や回数、繰り返す

指導者MEMO
遠投では力が入りすぎ、頭が前に下がったり、スタンスを広げすぎてバランスが崩れがちです。基本動作にそって投げさせてください。なお、プロテストの基準は100mです。

メニュー 010 各塁から距離を伸ばしてボール回し

人数 グループ

時間 10分程度

ねらい **塁間よりも距離を離して送球練習をすることで、スピードとコントロールの正確さを習得できる練習方法です。**

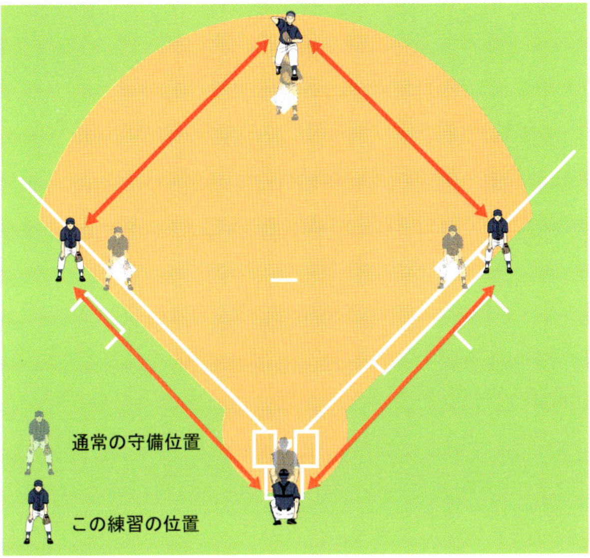

素早い返球を、
捕りやすい位置に投げる

やり方

①各塁からさらに3mくらい離れる

②相手に対して正確にボールが届くように投げる

③捕球し相手に対して返球する

④上記②〜③を、一定時間や回数、繰り返す

指導者MEMO

距離を30〜33mに設定します。この距離でコントロールよく投げる練習をしておくと、実際の塁間での送球時に余裕が持てます。この練習も力まないように、基本通りの動きを心がけさせてください。

ワンポイントアドバイス

投げる位置や相手を見続けると、余計な力みが入りにくくなります。また、頭を動かさないように意識してください。放物線を描くような送球ではなく、速く低い送球を目指します。

発展練習 Development practice

練習は難しい条件で！

練習で通常の塁間より遠くしておくと、本番の試合では送球がやさしく感じられます。その気持ちが余裕を生み、さらによいプレーを導きだします。このように、練習ではより難しい条件にするとよいでしょう。

NG例

なにがなんでもノーバウンドは×

距離を離すと、ノーバウンドで投げることが最優先になる選手がいます。ですが、この練習が実戦でどのような動きになるかを考えさせてください。実戦で大事なのは、素早く返球して進塁を食い止めたり、進塁直前でアウトにすることです。

メニュー 011 エンドレスの内野ボール回し

人数 グループ

時間 10分程度

ねらい 捕球から送球までの動きを何回も繰り返すことで、技術や体力、精神力のアップを目指す練習です。

内野の各ポジションにつき、
ボールをできるだけ続けて回す

やり方

①内野手がそれぞれのポジションにつく

②内野の中で次々とボールを回していく

③限界まで続ける

指導者MEMO

とにかくボール回しを続けさせます。途中で気を抜かないように全員で声をだし、テンポよくボールを回していきます。このような厳しい練習はチームの連帯感を強めます。

ワンポイントアドバイス

相手の名前を呼びながら、テンポよくボールを回すと、チームの結束が強まります。また疲れてミスをしても、周りがフォローしながら続けていくと、厳しい練習が楽しく思えます。

発展練習 Development practice

笛などの合図で逆回し

コーチなどの合図に合わせて、回す方向を逆にします。手投げになったり、コントロールが乱れる場合には、ステップ&スローを復習させてください。上手な選手たちには、捕球直前に合図をすると難度が上げられます。

指導者の知恵袋

回数や時間を競争させる

人と競わせるなど、練習にゲーム性を取り入れると、選手のモチベーションが上がりやすくなります。この練習に限らず、ルーティン練習になりがちな内容には、ひと工夫のゲーム性を加えることをおすすめします。

メニュー 012

ランニングスローを覚える

人数 ペア

時間 10分程度

ねらい ひとつでも多く走者をアウトにするために、少しでも早くボールを捕り、投げる動きを覚えます。

走りながら
ボールを捕る

ステップと同時にボールを持ち変え、素早く送球する。これを一定回数や時間、繰り返す

やり方

①あらかじめ一直線に置いたボールを、走りながら素手で捕り、目標（各塁）へ投げる

②一定時間や回数、繰り返す

指導者MEMO

素手でとってもケガをしない程度のゴロであれば、直接利き手で捕り、送球します。ですが、強い球や不安な球であれば無理をせず、グローブでの捕球後、送球します。この時、身体（特に脇の筋肉）を傷めないように注意してください。

ワンポイントアドバイス

素手で捕れるボールか否か、球威を早めに見極めます。また、捕球時に前のめりになり過ぎると、投げるときにバランスを崩しやすくなります。足元を動かして捕球する意識を持ってください。

発展練習 Development practice

続けて早く投げる

ボールを3m間隔で5個くらい置いておきます。走りながらボールを拾い、次々と目標の場所へ投げていきましょう。バランスを崩してコントロールを失いやすいので正確に投げることを心がけます。

NG例

打球で難度を変える

強く難しいコースへの打球を、上手に処理できるに超したことはありません。ですが、技術レベルが低いなど、選手の力量と異なりすぎる難度では、練習する意味がありません。指導者側も選手の力量に合わせて、打球の強さやコースを調整してください。

指導者のためのコラム

日米の投手の違い

多くの日本人ピッチャーが目指すのは、「きれいなフォームと、まっすぐできれいな球筋」です。これは自分の満足に基づく「自分主体」の考え方です。

ところがアメリカでは「バッターが打ちにくい球」を目指します。相手にとって打ちにくいボールを投げるには、フォームはどうでもよいのです。これは「相手主体」の考え方です。

実際にバッターが嫌がるのは、どちらでしょうか?
もちろん、打ちにくい球でしょう。

日本人は、見本のようなきれいな投げ方にこだわりがちです。
確かに外人に比べて身体も小さいし、筋力もありません。
力がない分テクニックを重視するのも、効果的といえます。
ですが、結果として求められるのは、バッターに打たれないことです。
見本とはかけ離れた投げ方でも、打ちにくければチームの勝率が上がります。

指導者は全員を同じ投げ方にするのではなく、選手１人ひとりの良さを伸ばし、選手１人ひとりにあったフォームを探してください。

この良い例が、近鉄や大リーグで活躍した野茂英雄投手のトルネード投法と、彼を育成した仰木元監督です。

守備の基本練習
「捕る」編

エラーでの失点は、とてもよく見られます。
ケアレスミスでチームを苦境に陥らせないよう、
確実な捕り方を覚えましょう。

捕球の基本

【基本】

POINT 1 ヒザを曲げ、重心を低くして構える

POINT 2 グローブを開いて、捕りやすい位置へグローブを動かす

POINT 3 捕球と同時にボールをつかみ、逆の手でフタをする

脚

前後左右上下に動けるようにヒザを曲げ、重心を拇指球に集める

腰

重心を低く保つために、深く曲げる

腕

逆の手をグローブの横に置き、捕球と同時にフタをする

ボールの位置

身体の正面でボールを受ける

グローブ

捕りやすい位置に構え、人差し指の付け根でボールを捕る

【フライ】

POINT 1 落下点へ素早く移動し、捕球するタイミングでグローブを構える

POINT 2 逆の手でフタをしてグローブを閉じる

目線

キャッチするまではボールから目を離さない

利き手

すぐに握り変えて送球の準備をする

【ゴロ】

POINT 1 身体の正面でボールを待つ

POINT 2 両手でボールをキャッチする

グローブ

ボールが転がりあがるような角度に構える

右手

反対側の手でフタをする

捕球の基本解説と練習方法

脚 ヒザを曲げ、重心を拇指球に集める

腰 重心を低く保つ

腕 捕球と同時にフタをする

ボールの位置

正面でボールを受ける

グローブ

捕りやすい位置に出す

メニュー013 捕球は反対側の手でフタをする

人数 ペア

時間 5分程度

ねらい 利き手でフタをしてボールを押さえる動きは、捕球の基本練習です。「守備は右手で決まる」と言われるほど利き手はとても大切です。

利き手を意識して
構える

利き手で
フタをする

やり方

①2人が10m間隔に向かい合って立つ

②高さを変えてキャッチボールをする

③捕球の時には、利き手でフタができるように準備する

④フタができたらその手で素早くボールを持ち返球する

⑤上記②～④を繰り返す

指導者MEMO

捕球ではグローブをはめた手に重点を置きがちですが、実は利き手の使い方が重要です。利き手をグラブの下に置かずに、グローブの上からフタができる場所に構え、捕ったボールを押さえる準備をさせてください。

ワンポイントアドバイス

捕ったボールを落とさないで早く次に投げられるよう、確実な捕球が大切です。そのためグローブで捕ったらしっかりとボールをつかみ、その上から利き手でフタをします。

発展練習 Development practice

板を使って利き手の練習

グローブでは利き手のフタがなくてもある程度捕球ができます。グローブの大きさに切った板を使えば、利き手で押さえないとボールが捕れないので、難度の高い練習になります。

NG例

基本は両手で捕る

利き手に意識が集中すると、グローブをはめた手でボールをつかむ意識が薄れます。グローブをはめた手でボールを捕ったら、必ずボールをつかみましょう。その上から利き手でフタをします。あくまで両手で捕ることが大切です。

メニュー 014

捕ったら身体の前に集める

人数　ペア

時間　5分程度

ねらい

捕球後、身体の中心にボールを戻してから送球に移る練習です。フォームが崩れず正確な送球ができるようになります。

ボールを
キャッチする

身体の前に
ボールを収めて送球

やり方

①2人組みで向かい合って立つ

②ボールを捕ったら必ず身体の前に収める

③返球する

④上記②～③を繰り返す

指導者MEMO

どんな体勢で捕球しても、必ず身体の前にボールを収めます。ステップと連動させ、軸足のときに身体の前へ戻せると理想的です。身体の中心にボールが戻ると、利き手で握り変えやすくなり、安定した送球ができます。

ワンポイントアドバイス

捕ることとヘソの前に置くことを別々に考えず、一連の動きとして練習させます。一瞬の動きを正確にするには、なんといっても練習の反復が必要です。ヘソの前に戻さないで投げることを体験させると、安定感の違いを体感できます。

発展練習 Development practice

守備範囲を広げる

守備範囲が広がると、片手で捕球しなければならないこともあります。そのような場合でも、捕球後に一度、おヘソの前にボールを持ってきます。動きを習慣づけるために、両手で捕れる範囲から片手で捕れる範囲までを、1つの練習にしてもよいでしょう。

発展練習 Development practice

メジャーリーガーも基礎練習

一流のプレーヤーほど、基本的な動きを反復して練習します。例えば、メジャーのスーパースター「オジー・スミス」は、ヒザをついてのハンドリングなどを、常にしていました。基本を丁寧に反復することが、上達への近道なのです。

投げる
捕る
打つ
走る
ピッチャー
キャッチャー
内野
外野
攻撃
守備
トレーニング

メニュー 015 素手、片手で捕り、そのまま返球

人数　ペア

時間　5分程度

ねらい

ゴロを捕る時の練習です。
ゴロが地面から手のひらを転がり上るような手の使い方が理想です。

ボールに対し正面に構え、
手のひらを斜めにして構える

転がり上がる球を捕り、
相手に投げる

やり方

①ゴロを投げる人とうける人が3mの間隔で立つ

②適度な強さのゴロを転がす

③いつもグローブをはめているほうの手で捕球する

④その手で返球する

⑤正面、左側、右側に各10本転がしたら交代

指導者MEMO

ボールの正面に構え、手を板のように平らにして斜めにすると、ボールがその手を上がってきます。手の角度が合わないとボールが上がってきません。手が正面を向き、ボールが上る手の角度を感じてもらいましょう。

ワンポイントアドバイス

手のひらがボールに対して正面を向き、地面に対して斜めになるように、ヒザをしっかり曲げて構えます。

メニュー 016 通常よりも小さいグローブで捕る

人数　ペア

時間　5分程度

道具　小さいグローブ

ねらい

捕球の際、ボールを芯でキャッチする練習です。普段より小さめのグローブでボールを捕ります。

人差し指の付け根に当てて
ボールを捕る

やり方

①2人1組みを作り、5mくらいの間隔で向かい合う

②素手や軍手で捕れる程度の球威でキャッチボールをする

指導者MEMO

ボールを捕るときにはグローブの中心、素手で言うと人差し指の付け根でボールを捕ります。ここから外れるとボールを芯で捕らえることができなくなりミスにつながります。このポイントで捕る意識を持たせましょう。

メニュー017 連続でクイックキャッチ&スロー

人数　ペア

時間　5分程度

ねらい
捕球から送球までの早さを高める練習です。
全選手に一番必要な動きになります。
ダブルプレーのベースタッチを入れてもよいでしょう。

両手で捕球の
準備をする

捕球と同時に利き手で
ボールを握り変え、投げる

やり方

①ボールを出してもらう人に横へ立ってもらう

②投げてもらったボールをキャッチして素早く正面に投げる

③ボールを出す人は、投げたことを確認して次のボールを出す

④上記②～③を繰り返す

指導者MEMO
1個でも多くアウトを取るために、捕ってから投げるまでの反応を早くします。しかし早さを競うとミスを誘います。練習の中で確実かつ素早い反応を身につけさせてください。

ワンポイントアドバイス
クイックキャッチ&スローのポイントは、握り変えの早さです。ボールをキャッチすると同時に利き手でボールを押さえ、そして正確に握る動きを練習しましょう。

メニュー018 地面に十字を描いてフットワーク練習

人数　ペア

時間　5分程度

道具　石灰

ねらい
低い姿勢の捕球から投球へのフットワーク練習です。捕手や内野手は捕球後に姿勢の高さを維持しながら送球することが大切です。

頭の高さを変えずに、
足元を動かす

やり方

①2、3mの線を2本引き、十字を作る

②正面を向き、腰を落とす。指導者は、頭上にバットを構える

③右回りは右足を前、左足を右足があった位置に動かす
　左回りは左足を前、右足は左足のあった位置に動かす

④1回ステップしたら②に戻り、10回程度繰り返す

指導者MEMO
低い姿勢で送球する場合、その方向に半身になる必要があります。頭の位置を変えずに送球する動きを徹底させてください。

メニュー019 ヒモを張り、腰を浮かせず左右のボールを捕る

人数	ペア
時間	5分程度
道具	ゴムヒモ

ねらい 低い姿勢をキープしてゴロを捕る練習です。
より早く動け、すぐに捕球の姿勢が作れるようになります。

ヒモをくぐる

低い姿勢のまま
捕球する

やり方

①2人組みになる
②一方が腰を落として構える
③ヒモを守備の姿勢時の頭の高さを目安に張る
④もう一方が左右にゴロを投げる
⑤ヒモをくぐり捕球をする
⑥上記④～⑤を10回くらい繰り返す

指導者MEMO

立ち上がってしまうと機敏に動けなくなります。ヒモをくぐるようにすると低い姿勢が意識しやすくなります。ゴムヒモや選手の腕などで高さを規制するとよいでしょう。

ワンポイントアドバイス

低い姿勢は筋力を使い疲労が増します。一気に無理をせず、体力づくりの一環として強化期に行ないましょう。また準備運動を十分したうえで、腰などを傷めないよう上体を起こして練習しましょう。

発展練習 Development practice

動きを覚えたら、実戦練習

この練習で、低い姿勢のまま捕球することを覚えたら、さっそくノックで実戦練習をするとよいでしょう。この技術が身につくまでは、この練習とノックをセットにすると効果的です。

NG例

危険な道具は避ける

竹ぼうきや細いヒモなどを使うと、首か顔に引っかかった場合に大きなケガをする可能性があります。このような危険を避けるため、ゴムヒモや太いロープなどを使用してください。

メニュー020 バウンドの捕りやすい位置を覚える

人数 ペア

時間 5分程度

ねらい バウンドした球を、捕りやすい場所（一番高く上がった場所かバウンドした直後）で捕球する練習です。

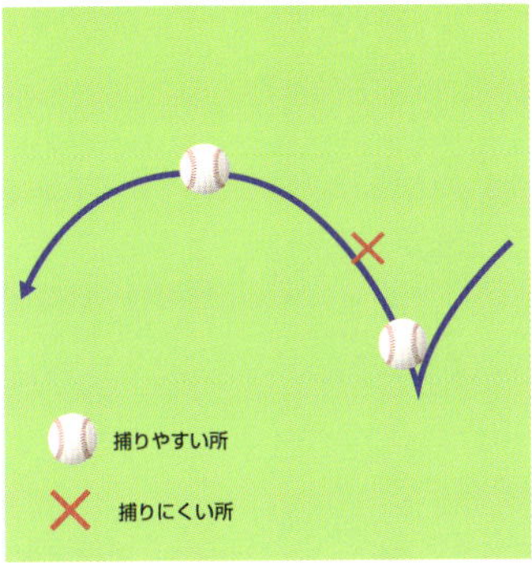

捕りやすい所で捕る

前進しながら捕りやすい位置を判断してボールを捕球

やり方

①地面が硬い場所で10mの間隔に2人が立つ

②2回くらいバウンドする程度に投げる

③捕りやすい場所を狙って移動しキャッチ

④上記②〜③を10回程度繰り返す

指導者MEMO

バウンドしやすいように、コンクリートの上など地面が硬い場所を選んで練習しましょう。捕球でバックすると送球するまでに時間がかかってしまうので、必ず前進しながら捕球しやすい場所を探させます。

ワンポイントアドバイス

一番捕りやすいのはボールが最も高く上がった地点で、次にやさしいのはバウンドした直後です。前進する中でどちらかに合わせて捕球しましょう。バウンド後のイレギュラーにも注意してください。

メニュー021 ハーフバウンドの捕り方

人数 ペア

時間 5分程度

ねらい バウンドした球を、いつでも捕りやすい場所で捕れるとは限りません。その場合には、ここで覚えるバウンドの中間で捕るのが理想です。

前進しながら
ハーフバウンドの地点でキャッチ

やり方

①地面が硬い場所に移動で10mの間隔に2人が立つ

②2回くらいバウンドする程度に投げる

③地面とバウンドの最高点の中間の高さを狙って移動しキャッチ

④上記②〜③を10回程度繰り返す

指導者MEMO

中間での捕球は少々難しいのですが、試合では、ここで捕らざるを得ない場面がでてきます。いろいろな高さや速さのバウンドを経験させ、練習の中で距離感とタイミングを覚えさせてください。

メニュー
022

ハンドリングを覚える

人数　ペア

時間　5分程度

ねらい
ノックでハンドリングの練習をします。
ヒザをつきシングルハンドで広範囲の球を確実に捕りましょう。
グローブの出し方に注意します。

15mくらいの距離で
ノックをうける

▼

ボールを逸らさないようにグローブをボールの正面に出し
ボールをキャッチする

やり方

①バッターと15mくらい間隔をあけてヒザをついて構える

②強弱をつけたノックをする

③上下左右に来るボールに対して、グローブが正面を向くように手元を動かす

④ボールを捕って返球

⑤上記②～④を繰り返す

指導者MEMO

左側のボールを捕るときには外側に来る指先を正面に向けたり、右側では手首を内側に絞りグローブを中心側に向けるなど、グローブの中の手の角度を意識させてください。土ではイレギュラーが多くなるので、できるだけ芝生で練習してください。

ワンポイントアドバイス

シングルハンドの方が両手で捕球するよりも、圧倒的に捕球できる範囲が広がります。そのことを理解させるためにも、正面ばかりでなく、左右に逸れる打球も混えてください。

打つ基本練習

打撃はセンスだと言われます。
ですがそのセンスも、土台になる下地がなければ実りません。
ここではバッティングの練習法を紹介します。

打撃の基本

POINT 1 肩幅より少し広めのスタンスで、両足を平行に構える

POINT 2 体重を後ろ足に乗せる

POINT 3 身体の軸を真っすぐにしてスイングする

スタンス

ボールが来る方向と平行にスタンスをとり、親指の付け根に力を入れる

腕

トップでは腕とバットの角度を直角にして構える

ワキ

バットが身体の近くを通るように、ワキをしめる

POINT 4 インパクトの瞬間までしっかりとボールを見る

POINT 5 体重を前足に移動する

POINT 6 バットを最後まで振りぬく

軸

軸がぶれないように真っすぐ立てて、右肩、右腰、右ヒザを同時に回転させる

目線

ピッチャーのリリースポイントを見極め、インパクトの瞬間までボールをよく見る

体重移動

後ろから前足へ体重を移動させる

打撃の基本解説と練習方法

スタンス ボールが来る方向と平行に構える

腕 腕とバットを直角にする

ワキ ワキをしめてスイングする

軸　軸を中心に回転させる

目線　インパクトの瞬間までボールを見る

体重移動　前足へ体重を移動させる

打つ基本練習

メニュー023 トップでは、手首とバットを90度にする

人数 1人

時間 5分程度

ねらい 足を踏みだした瞬間（トップ）の、手元の構えを習得します。腕とバットが90度になるのが理想です。

バットを構える

トップでは腕とバットを90度にする

やり方

①バットを構える
②前足を踏み出し、バットを持つ手に力を入れる
③この時手首をしめ、腕とバットを90度にする
④バットを振る
⑤上記②～④の素振りを繰り返す

指導者MEMO

バッティングの調子が悪いときはもちろん、シーズンを通して手首の角度を徹底させてください。構えや握り方に気をつけて指導するとよいでしょう。鏡の前で素振りをすると、選手達が自分自身で確認できます。

ワンポイントアドバイス

トップで手首を直角にすると、ヘッドが後ろの肩に近づきます。逆に離れていたら、手首が伸びている証拠でうまく振れません。バットの構えは人によって違いますが、必ずトップでは手首を直角にします。

発展練習 Development practice

手首と同様にワキもしめる

腕とバットを90度にするためにワキをしめます。ワキが開くと、バットが身体から離れてしまい、振りにくくなります。ワキにタオルを挟むと、しめる感覚がわかりやすくなります。

NG例

力を入れて握り過ぎない

手首の角度やワキのしめを意識しすぎて、構えるときから力を入れすぎないように注意してください。楽に構えて、力を入れるのは振りはじめるときです。無駄な力が入るとスムーズな動きができないので注意しましょう。

メニュー024 グリップエンドをボールに向ける

人数 ペア

時間 5分程度

ねらい バットを身体の近くから振り出す練習です。
グリップエンドをボールに向けることで腕とバットが90度になります。

バットを構える

ボールの方向に
グリップエンドを向ける

やり方

①楽に構える

②ボールを投げてもらい、グリップエンドをボールに向ける

③グリップが前に出たらバットをスイングする

④上記②～③を繰り返す

指導者MEMO

グリップエンドをボールに向けるには、ワキのしめが必須です。これを意識させるために、ワキにタオル等を挟んだ練習も効果的です。何を意識してこの練習をするのか、選手への説明が大切です。

ワンポイントアドバイス

グリップエンドでボールを引き付ける意識です。腰の回転を利用してグリップエンドをボールに近づけていきます。右ヒジをヘソの前にくるようにスイングすると、ねらいやすくなります。

メニュー025 手首を支点にバットを振りだす

人数 1人

時間 5分程度

ねらい ボールに向けたグリップを支点に、バットを振りだすスイングを目指します。狙った位置に振れるようになります。

身体を回転させて
グリップエンドを
ボールに向ける

グリップを支点に
バットを振り出す

やり方

①バットを構える

②身体を回転させグリップを振り出す

③グリップを支点にバットを回転させる

④上記①～③を繰り返す

ワンポイントアドバイス

バットが回転する支点は肩やヒジではなく、バットを握る手元です。グリップをボールの方向に動かし、支点ができたらバットのトップを動かしましょう。ただしグリップの位置を動かすには身体全体の回転を意識してください。

指導者MEMO

大きく振りかぶってスイングすると、手首を支点にした動きが意識できなくなります。なるべくコンパクト構えさせ、最初は緩い球を、手首の返しで打つようにさせてください。

打つ基本練習

メニュー 026 3方向へ打ち分ける

人数 ペア
時間 5分程度

ねらい **ボールのコースによって打つ位置を変えます。最も打ちやすく素直に飛ぶ場所を覚えます。**

Aは内角、Bは真ん中、Cは外角のときのミートポイント

やり方

①バットを構える

②3つのコースに送球してもらう

③右バッターの場合、インコースなら三塁側、アウトコースなら一塁側、真ん中はセンターへ、ハーフバッティングで打ち分ける

指導者MEMO

ミートポイントは、内角なら前、外角は真横、真ん中は中間です。ボールの方向で異なるミートポイント、グリップを持っていく場所やバットの角度をわかりやすい図にして、選手に説明してください。

ワンポイントアドバイス

内角では手首を身体にひきつけること、外角では腰を先に回しすぎないことを意識します。ミートポイントの確認にはハーフバッティングがお勧めです。

メニュー 027 長い棒をスイング

人数 1人
時間 3分程度
道具 長い棒、スタンドティー

ねらい **腰の回転を利用した正しいスイングを実感する練習です。上半身と下半身のバランスに注意しましょう。**

長い棒を、ワキをしめて構える

腰の回転を意識しながらスイングする

やり方

①長い棒を持つ

②周りが危なくないか確認する

③正しくスイングする

④上記③を繰り返す

ワンポイントアドバイス

ワキがあくと、負担の大きい長い棒を振れません。振りだすときにワキをしめ、棒が後ろの肩付近を通るスイングが大切です。

指導者MEMO

1mくらいの長い棒で練習します。周りに人がいないか、グリップが滑らないかを、十分注意してください。長い棒にあおられて上体のバランスが崩れないように、腰を中心とした回転を意識させます。

メニュー028 足をめいっぱい広げてティーバッティング

人数　1人

時間　5分程度

道具　スタンドティー

ねらい　**主に下半身強化がねらいです。**
また、上体の軸をまっすぐにするトレーニングにもなります。

スタンドティーの前に立ち、足を広げて構える

10回連続でスイングする

やり方

①スタンドティーを用意する

②思い切り足を開いて構える

③続けて10回スイングする

④少し休む

⑤上記②～④を繰り返す

指導者MEMO

どれだけ足を開いたか白線などで印をつけると、他の選手と比べることができ、練習にも活気がでます。漠然と足を開くのではなく他の選手に負けないくらい開くなど、目標を作るとよいでしょう。

ワンポイントアドバイス

極力足をめいっぱい開きます。足を楽に開いていては効果がありません。また、上体が突っこまないよう、腰から頭が一直線になるよう意識しましょう。

メニュー029 連続ティーバッティング

人数　ペア

時間　5分程度

ねらい　**ヘッドスピードをあげるための練習です。少しでもバットが速く振れるように意識しましょう。**

斜め前方からトスをあげてもらう

5回連続でスイングする

やり方

①5回連続してバッティングする

②少し休む

③上記を繰り返す

ワンポイントアドバイス

速く振ろうとして、手だけでスイングをしないようにしましょう。下半身を安定させて、後ろのヒザ、腰、肩を回転させることが大切です。また、スイング中にバットがあまり上下しないように、真横から振りぬきましょう。

指導者MEMO

連続で振ると回数に気をとられ、バッティングに粗さがでます。正しいスイングを連続しなければ、練習の意味がありません。指導者や選手同士がチェックしてください。

打つ基本練習

メニュー 030

3歩前に歩いて打つ

人数 1人

時間 5分程度

ねらい

体重移動の練習です。
バッティング時の軸がぶれている時や、ためができないときに有効な矯正法です。

イチでは前足を
ステップ

二では軸足を後ろから
クロスステップ

サンで前足を踏み出しながら
スイング

上体がぶれないように
軸を意識する

やり方

①バットを持って構える

②前足、軸足、前足の順に前に「イチ・ニ・サン」と言いながら歩く

③「サン」に合わせてスイングする

④上記②～③を繰り返す

指導者MEMO

前に歩くことで体重移動を確認させてください。プロの選手でも、この練習をしながらダイヤモンドを1周します。チーム全員で声を出しながら練習させるとよいでしょう。チームの結束力も高まります。

ワンポイントアドバイス

上体が前後しないように、背骨をまっすぐ立てます。前足・軸足・前足の順に歩き、2歩目では軸足に全体重を乗せます。3歩目では前足の拇指球に体重を乗せ、ヒザが外側に開かないようにします。

打つ基本練習

メニュー031

後ろからトスされたボールを打つ

人数　2人

時間　5分程度

ねらい　バットがボールにミートするまで、しっかりとボールを見てバットを振ることがねらいです。

後ろからボールをトスしてもらう

ボールをよく見て打つ

やり方

①ネットの前に立つ

②後ろからボールをトスしてもらう

③ボールをよく見て打つ

④上記②～③を数回繰り返したら、次の選手と交代する

指導者MEMO

後ろから来るボールを打つことはゲーム中にはありえませんが、こういった状況でもボールをしっかり見てバットを振ることでボールを打つことができます。身体の軸を真っすぐにして、コンパクトなスイングを心がけて練習させてください。

ワンポイントアドバイス

後ろからのボールを追いかけ身体が泳いでしまうと、ボールをしっかりと見ることができずに打つことができません。頭が動かないように身体の軸を真っすぐに立てて構え、バットを振りましょう。

指導者の知恵袋

空振り解決法　空振りしやすいフォームは次の4つです。

①身体が前に突っ込んでいる

上体だけで打ちにいくとタイミングが狂います。ダウンスイングの意識が強いと、突っ込みやすくなります。

②身体が後ろに反る

インパクトの瞬間にアゴが上がります。もちろんボールをインパクトの瞬間まで見ることができません。アッパースイングになります。

③ステップで頭が上下にぶれる

遠くへ飛ばそうと力むと、頭の位置が動いてしまいます。

④バックスイングでバットが背中まで回る

振り遅れることが多くなります。

空振りの多くはヘッドアップが原因です。以上のことに気をつけて、インパクトまでボールをしっかりと見ましょう。

打つ基本練習

メニュー032 軸の手だけでトスバッティング

人数　ペア

時間　5分程度

ねらい　バットのヘッドの使い方を覚える練習です。片手で持ち、手首を支点にバットを振ります。

ワキをしめて軸の手で構える

手首を支点にスイング

やり方

①軸の手でバットを構える

②5mくらい離れたところから軽くボールを投げてもらう

③片手でボールを打つ

④上記②～③を繰り返す

指導者MEMO

楽に打てるように、軽く投げてもらいます。軸手の動きに集中してバットを振らせてください。最初は軽めのバットを使うと、タイミングが取りやすくなります。徐々に重さや速さを上げていきましょう。

ワンポイントアドバイス

片手で持つので、ワキが開いたら力が逃げてバットが振れません。ワキのしめを意識しましょう。またトップでは手首をしめて、軸腕とバットを垂直にすることも忘れないでください。

発展練習 Development practice

清原選手も実践

プロ野球選手も、よいバッティングフォームを維持するために、このような練習を取り入れています。清原選手は通常より少し長い、1mくらいのバットを使っています。メニュー027の練習もよく見かけます。

指導者の知恵袋

0.15秒の判断

投球間18.44mを3つに分け、最初の6mで球種を判断、次の6mでストライクかボール、最後の6mで打つか打たないかを判断します。プロの場合、ピッチャーは約0.44秒で投げるので最後の約0.15秒で判断します。訓練の賜物ですね。

メニュー033 スポンジボール打ち

人数　ペア

時間　5分程度

道具　スポンジボールやシャトル

ねらい

**バットの芯に当てる練習です。
やわらかく飛ばないボールは芯にあてなければ飛びません。**

スポンジボールの軌道をよく見る

芯に当てるようにスイングする

やり方

①スポンジボールを用意する

②5mくらい離れたところから投げてもらう

③バットの芯に当てるようにボールを打つ

④10本くらい打ったら役割を交代する

⑤上記②〜④を繰り返す

指導者MEMO

狭い場所やインドアでできるので、雨の日や場所が限られているときにこの練習をしましょう。バトミントンのシャトルやピンポンを使ってもよいでしょう。選手にミートポイントを覚えさせるよい練習です。

ワンポイントアドバイス

いつものボールと違うので軌道が変わります。しっかりとボールの軌道を見て、バッティングのタイミングを合わせましょう。スポンジのボールの大きさは、通常の球より少し小さめの、ピンポン球くらいを使うと効果的です。

発展練習 Development practice

3色のシャトルを投げる

色分けした3つのシャトルを同時に投げ、「赤」「青」のように打つシャトルの色を指示します。これは、反射神経や判断力を鍛える練習にもなります。またゲーム性も高いので、マンネリ化を防ぐ練習にもなります。

NG例

はじめにバットの先端を動かすスイングはNG

スピードの緩いモノを打つので、手打ちにならないよう注意してください。バットの先端をすぐに動かすと、ヘッドスピードが上がりません。まずはグリップエンドを動かし、後からバットがでてくるスイングをします。手首と右ヒジのしめを意識するとよいでしょう。

打つ基本練習

メニュー034 座って ティーバッティング

人数	ペア
時間	5分程度
道具	イス

ねらい
ドアスイング
（振りだしからグリップが身体の前方に出てワキが開いてしまうスイング）の矯正ができます。

椅子に座って構える

ボールをよく見て打つ

やり方

①ネットの前に椅子を置き座る

②相手にトスを上げてもらう

③椅子に座ったまま打つ

④繰り返し打って、交代する

指導者MEMO
バットのヘッドが身体の近くを通るようにドアスイングを矯正したり、左ヒジ（左打者は右ヒジ）が上手くたためない人の矯正に効果があります。上半身の軸を固定し、大振りさせずにコンパクトにバットを振らせてください。

メニュー035 ハーフバッティング

人数	ペア
時間	10分程度

ねらい
正しいミートポイントを身につける練習です。力を抜き楽にスイングすることでバットコンロールを高めます。

楽に構える

50％の力でコースに逆らわずに打つ

やり方

①バッターボックスで構える

②ピッチャーは10mくらい離れたところから投げる

③バッターは半分くらいの力で打つ。コースに逆らわない

④5本から10本でバッターを交代していく

指導者MEMO
ハーフバッティングを使って、コースに逆らわず打ち分ける練習をさせてください。半分の力でスイングするため余裕を持ってバッティングができます。本番になると力んでしまう選手に効果的です。

メニュー 036

右方向へ打つ

人数 グループ

時間 5分程度

ねらい

身体が早く開かないようにする練習です。
外角気味の球をヘソの前で打ち、右方向に飛ばしましょう。

外角の球を
この位置で打つ

外角気味の球を
右方向に打つ

やり方

①バッターボックスに立つ

②ピッチャーは外角気味に投げる

③身体が開かないようにバッティングし、右方向へ飛ばす

④10本程度でバッターを交代し3セット繰り返す

指導者MEMO

右方向へ打つためには「待つ」ことが大事ですが、いいタイミングで打つ意識が強すぎると「待つ」ことができません。少し遅れ気味にボールにぶつける意識を持たせましょう。無理に引っ張らず、「素直にゆっくり」が大切です。

ワンポイントアドバイス

必ず外角気味の球で練習します。外角の球は内角に比べて後ろにミートポイントがあるので、内角のタイミングで身体を回すと、早すぎて開いてしまいます。右方向に打つためには身体の回転を待つことが大切です。

発展練習 Development practice

右に打つ 6つの原則

①外角球を狙う　②ステップは三塁方向に踏みださない（ボールに届かないことがある）　③ボールをひきつけて打つ　④バッドのヘッドを遅れ気味にする　⑤ミートの瞬間まで腰を回さない　⑥ボールの内側を打つ

指導者の知恵袋

大リーグでも右からアップ

身体の開かない理想的なスイングをするために、右方向に打つことは効果があります。プロ野球選手でも、さらには大リーグでもバッティングは右方向から打ち始め、その日の調子を整えます。

メニュー037 内角球を打つ

人数 グループ

時間 3分程度

ねらい

内角球を打つ練習です。
ボールが身体の近くを通るので打ちにくく、また恐怖感もありますが、練習でコツをつかみましょう。

内角の球を
この位置で打つ

身体が開かないようにして
内角球を打つ

やり方

①バッターボックスに立ち構える

②ピッチャーに内角の球を投げてもらう

③ステップやワキに気をつけてスイングする

④5本～10本で他の選手と交代する

指導者MEMO

デッドボールには十分注意するよう、事前に指示をしてください。そのような指示があれば、危険球への注意力も働きます。するとコースを見分けたり、危険な球をよける練習にもなります。

ワンポイントアドバイス

打球は左側をねらうことが大原則です。外側にステップすると身体の軸が外側に移ります。すると手元にスペースが生まれ、打ちやすくなります。また、グリップを身体の近くに保ちヒジを開かないことが大切です。

発展練習 Development practice

デッドボールのよけ方

痛くないスポンジボールで練習します。キャッチャーの方へ身体をひねると、うまく避けられます。以前はデッドボールをねらい、故意に当たりにいくことがありましたが、現在このようなプレーはすぐに注意され、認められません。

指導者の知恵袋

シュートは切捨てる

本書でシュートの打ち方を載せていないのは、キレのあるシュートを投げられる投手が少ないことと、シュートを打つ技術の難度が高いという理由からです。ゲームで運悪くシュートが武器の投手と出会ってしまったら、シュートを切捨てるくらいでかまいません。

メニュー038 カーブを打つ

人数 グループ

時間 5分程度

ねらい ストレートよりも一拍遅いカーブに合わせて、バットを振る練習です。いろいろな球種に慣れていきましょう。

腰が早く開かないように
ためて打つ

ボールをよく見て
タイミングを合わせる

やり方

①バッターボックスに立ち構える

②ピッチャーにカーブを投げてもらう

③タイミングを合わせてスイングする

④5本～10本で他の選手と交代する

指導者MEMO

カーブを打つ練習自体が少ないので、回数を増やしてください。バッテリー練習ではバッターを立たせ、カーブの軌道を見るトレーニングも兼ねましょう。バットを持たないと恐怖感が増すので、打つ打たないに関わらず、バットを持たせてください。

ワンポイントアドバイス

カーブを打つには、がまんして振り始めを遅らせることです。直球と同じタイミングで振り始めると、回転に入った身体を一旦止めなければなりません。もちろんフォームも崩れてしまいます。

発展練習 Development practice

カーブを打つ5つのコツ

①軸足（右足）に重心をおく
②ステップを小さくする
③顔を動かさずに目でボールを追う
④ボールを引きつける
⑤前側のヒザを開かない

NG例

肩・腰・ヒザの動きがバラバラ

球速に合わせて動きだしを調整できないと、身体の軸が大きく崩れます。このような選手には、①身体の軸をまっすぐにすること ②後ろ側の肩と腰、ヒザを同時に回転させながら、手の位置を動かすことの2つを意識させてください。

バントの基本

【横から】

POINT 1 バットを目の高さに構え、ボールを待つ

POINT 2 ボールを転がすように上から下へ当てる

POINT 3 ねらった方向へ転がす

バット越しにボールを見据え、ボールから目をそらさない

ボールの高さはヒザを曲げて調節する

目線がぶれないように構え、転がす方向をねらう

【正面から】

POINT 1 利き手でバットの真ん中を持つ

POINT 2 上半身がぶれないようにボールに当てる

POINT 3 ヒザを曲げ、転がす方向をコントロールする

バットをストライクゾーンの一番上の高さに構える

親指の付け根に体重を乗せ、すぐに走り出せるようにする

バントの基本解説と練習方法

目線　バット越しにボールを見る

ヒザ　ヒザを曲げて調節する

上半身　目線がぶれないように、転がす方向をねらう

バット　バットをストライクゾーンの一番上に

スタンス　すぐに走り出せるように構える

打つ基本練習

メニュー 039

片手でバントする

人数　グループ

時間　5分程度

ねらい　**正しい構えを覚える練習です。**
ボールをバットに当てる場所や角度を、徹底的に覚えましょう。

片手で
バントの構えをする

確実に転がす
バントをする

やり方

①右利きの場合、右手にバットを持ち左手はヒザの上に置く

②ハーフスピードのボールを投げてもらう

③バントでボールを転がす

④5本～10本で他の選手と交代する

指導者MEMO

バントは走者を確実に進塁させることができ、勝つためにはとても重要な作戦のひとつです。確実に決められるように練習を怠らないでください。狙った方向へ転がすことができるよう、何度も練習しましょう。

ワンポイントアドバイス

利き手でバットの中心あたりを持ちます。ボールを転がせるミートポイントの場所や角度を利き手で確認しましょう。利き手は90度くらいに曲げて目の近くに固定すると安定します。

発展練習 Development practice

バットを構える高さと打つ位置

ストライクゾーンの一番高い場所にバットを構え、そこに目を合わせます。投球が構えよりも高い位置であれば見送ります。低い場所ならヒザを使って当てにいきます。打席の一番前で構えると、フェアになる確率が上がります。

指導者の知恵袋

バントの成功率は、通常8～9割

どんなによいバッターでも、打率は3割台です。これは、3回に1回しかヒットにならない確率です。ところが、バントは8～9割の成功率をほこるのが普通です。チームのバント成功率が低い場合には、徹底的にバント練習を取り入れてください。

メニュー040 目とバットを同じ高さにしてバント

人数 グループ

時間 3分程度

ねらい 確実に転がせるバントを練習します。
確実にボールへ当てるように、ボールとバットを同時に視界へ入れます

バットの高さに目がくるように
バントの構えをする

ボールに合わせて
打つ

やり方

①バッターボックスでバットの近くに目がくるようにバントの構えをする

②ピッチャーがボールを投げる

③転がすようにバットに当てる

④5本〜10本で他の選手と交代する

指導者MEMO

バントといっても目的によって種類が異なります。ですが、共通した基本の動きが「目とバットを同じ高さにする」こと。まずはこの動きを確実に覚えさせることが大切です。

ワンポイントアドバイス

ピッチャーに対して正面を向き、視線はバットとボールを結ぶラインに置きます。バットは水平にし、目に近い位置に構えます。バットがボールに当たるまでは目を離さないようにします。

メニュー041 低めはヒザを使ってバントする

人数 グループ

時間 3分程度

ねらい 低めにきたボールへの対処を練習します。腕でバットを動かすのではなく、ヒザの屈伸を使います。

低めの球は、
ヒザを曲げながら打つ

やり方

①バッターボックスでバットの近くに目がくるようにバントの構えをする

②ピッチャーがボールを投げる

③転がすようにバットに当てる

④5本〜10本で他の選手と交代する

ワンポイントアドバイス

目とバットの位置をぶらさないように、ヒザをつかってボールの高低差に対応していくことが大切です。ボールとバットから目を離さないように頭の位置を安定させましょう。

指導者MEMO

バットにボールを当てるには、腕を動かさずにヒザの屈伸を使います。ヒザと腰をやわらかく使えるように適度に曲げさせてください。捕球の構えなどにも応用できる大切な動きです。

打つ基本練習

メニュー042 攻撃はバントだけの紅白戦

人数　チーム

時間　60分程度

ねらい
ヒッティングを使わずバントだけで試合をします。
バント攻撃を使った攻め方、守り方を練習します。

サインに従い
バントを使い分ける

やり方

①紅白のチームに分かれ、バントのみで試合をする

②無死1塁、無死2塁、無死1、2塁などいろいろなケースを想定してゲームを進める

③アウトは4アウトや6アウトなどチーム間で自由に設定する

指導者MEMO

全てのバントシフトを使った攻撃と守備を頭に入れておきましょう。ランナーやアウトカウントを考慮し、攻撃側ならどのバント攻撃を使うか、守備側ならどの守備フォーメーションでいくかを考えます。

ワンポイントアドバイス

守備側では、バントフォーメーションの練習のために、サインの確認やタイミングなどを実戦で学びましょう。攻撃側では、サインによる各種ケースのバント練習をスムーズに行なえるようにします。

発展練習 Development practice

実戦の中で動きを確認

チームの中で紅白戦を行なうと、普段レギュラーではない選手も試合に参加します。こういった中で経験を増やし上達を目指してください。またレベル差が大きい場合はアウトカウントを変えるなど、設定を変えていきましょう。

指導者の知恵袋

バントは心理戦

相手の予想通りバントをしても、走者を進めることができず成功しません。バントや盗塁などの作戦は相手とのだまし合いです。相手の裏をかくために、1球目からの作戦を立てて相手の動きをよく見ていきましょう。

メニュー
043

送りバント

人数　グループ

時間　5分程度

ねらい

走者を確実に進めるための「送りバント」を練習します。狙ったコースへ確実に転がすことが重要です。

ボールをよく見て
バントをする

ねらったところに
確実に転がす

やり方

①バッターボックスでバントの構えをする

②ピッチャーは投球する

③確実にねらったところに転がす

④5本～10本で他の選手と交代する

指導者MEMO

バントの基本が送りバントです。バントを決めて確実に走者を進塁させることができるように、何度も練習させてください。試合を左右する重要な練習であることを選手に必ず説明しましょう。

ワンポイントアドバイス

確実さを重視するため、動きながらのバントはNGです。ピッチャーに正対して構え、ストライクだけを打ちましょう。転がす方向は一塁線です。バットの先端から15cmくらいに当てると打球の勢いを殺せます。

Development practice
発展練習

送りバントの5つのコツ

次の5つのコツを押さえれば、成功間違いなしです。①構える場所はバッターボックスの前方　②ストライクだけをバントする　③目線の近くでバットを水平に構える　④ヒザの屈伸でボールに合わせる　⑤打つ瞬間までボールから目を離さない

指導者の知恵袋

バントがダメなら、軽いヒッティング

バントができるようになると、成功率は8～9割になります。ところがバントの技術が低いと、5割程度の成功率にしかなりません。このような選手には、軽くヒッティングさせ、ゴロを打たせた方が、ランナーを進められる確率が高くなります。

打つ基本練習

メニュー044 セーフティーバント

人数 グループ

時間 5分程度

ねらい 走者はもちろん自分もアウトにならないバントを練習しましょう。相手の不意をつくことが大切です。

バントを気づかれないように
普通に構える

投球後に
バントをする

やり方

①バッターボックスでは普通に構える

②ピッチャーが投球したと同時にバントの構え

③ストライクと判断したら、当てると同時にスタートする

④5本～10本で他の選手と交代する

指導者MEMO

送りバントとセーフティーバントの違いは、相手の不意をつくことと、走りだしながらバントをすることです。選手には違いを理解させ、同じ動きにならないようにしてください。ボール球には手をださないことは共通です。

ワンポイントアドバイス

投球後バッティングと同じタイミングで構え、守備陣にさとられないようにしましょう。外角低めは三塁側へ、外角高め直球は一塁側へのライン際をねらうとセーフの確率が上がります。

メニュー045 プッシュバント

人数 グループ

時間 5分程度

ねらい プッシュバントは、セカンドに捕らせるように速い球を返すバントで、攻撃的な場面で使います。

投球と同時にバントの構えをし、一、二塁間をねらい速い球を転がす

やり方

①走者をおき、打者はバッターボックスで構える

②ピッチャーが投球したと同時にバントの構え

③一、二塁間をねらい、バットを押し出しながら速い球を転がす

④確実に転がしたことを確認して、打者走者ともにスタート

⑤5本～10本で他の選手と交代す

ワンポイントアドバイス

公式球場では、芝生とマウンドの切れ目辺りをねらいます。走者は、打者がプッシュバントで確実に転がしたことを確認してから走りだします。そのため、バント失敗でダブルプレーになることがありません。

指導者MEMO

プッシュバントは例えば、一死一、三塁の場面で、ダブルプレー体制になったときに使います。速い球をセカンドの野手方向に転がすと、打者は一塁でアウトになりますが、得点1と一死二塁の体制になり、次の攻撃につなぐことができます。

メニュー046 走者をつけてケースバント攻防

人数　チーム

時間　10分程度

ねらい　バントの起こりうる場面を想定した練習です。打者だけでなく走者も守備側も自分たちのやるべきことに集中し、実戦的におこなってください。

指導者のサインをよく見る

サインに従ってバントを行い攻め方と守り方を確認する

やり方

①2チームに分かれる

②イニング、アウトカウント、点数など細かい設定を説明し、バントのサインを出す

③指示されたバントをする

④両チームが的確に動く

指導者MEMO

バントを使うあらゆる場面の洗いだしをしておきます。試合の中で初めてバントを試しても、選手はうまく動いてくれません。練習の中で細かい場面設定を行ない、選手がどう動くかを確認させてください。

ワンポイントアドバイス

実際に2つのチームに分かれて、いろいろなケースを想定し試合形式で練習します。バントのときに使うそれぞれのサインの確認や、走者がどう動くかなど、両チームが集中して指示されたチームプレーをしていきます。

発展練習 Development practice

紅白戦で選手にサインをださせる

「毎回、必ず1回はバントを入れる」といった特別ルールの紅白戦をしてみましょう。そのときに、選手にサインをださせることが大事です。すると選手は、バントが有効なシチュエーションを考えるトレーニングになります。

NG例

バントだけに終始する

いくらバント練習だからと言って、直球だけを投げたり、毎球バントをしているようでは実戦的と言えません。ピッチャーは球種や投げる位置を変えたり、ときにはけん制を入れてください。バッターはときには見送ったり、ヒッティングの構えからバントなど、実戦の動きを想定してください。

Column About the Baseball

指導者のためのコラム

上を目指すから上達がある

日本を代表する大リーガー、シアトルマリナーズのイチロー選手は、様々な記録を打ち立てるほどの活躍をしています。野球ファンならもちろん、野球にあまり興味がない人でさえ、彼の名前は知っているでしょう。そんな彼が、世界のトップレベルで素晴らしい活躍ができるのは、常に彼が上を目指しているからです。

ここでは、1994年に彼が日本球界初となるシーズン200本安打の偉業を達成したときのエピソードを紹介します。

この大記録を打ち立てた当日、周囲は皆お祭り騒ぎでした。イチローのインタビューを待ち、試合会場からでてくるイチローを心待ちにしていました。
また、誰しもがイチローの心境を次のように想像していました。
日本人初の大記録を達成した喜びから、早くインタビューに答えようとでてくるだろうと。

しかし、イチローは違いました。なかなか試合会場からでてきません。
彼は、ベンチ裏で練習をしていたのです。
いつものように鏡に向かって素振りをし、フォームを丹念にチェックをしていました。
このおめでたい日に、彼自身が一番シビアに練習を続けていたのです。

バッティングの難しさを、彼自身が痛感していたからでしょう。
「今日打てても、明日は打てないかもしれない」という危機感を強く持っているのです。
彼はさらに上を目指していたのです。

ここが彼にとってのゴールではないことを、この出来事が証明してくれました。

走る基本練習

走塁ひとつでチャンスは大きく広がります。
セオリーに基づいた走塁ができれば、
得点力にも大きく影響します。

走塁の基本

POINT 1 ピッチャーの動きをよく見てスタートをきる

POINT 2 1歩目はクロスオーバーステップでスタート

スタンス

肩幅より広めで、親指の付け根に体重を乗せる

ヒザ

十分に曲げてスタートの準備をする

目線

ピッチャーのモーションをよく見る

POINT 3 低い姿勢をキープするように走る

POINT 4 腕を前後に素早く動かす

足

蹴りだした足を素早くひきつける

腕

ワキをしめ、前後に力強く振る

ライン

ベースの踏み方、入る方向を判断する

走塁の基本解説と練習方法

スタンス　左右どちらにもスタートが切れるスタンス

ヒザ　適度に曲げてスタートの準備

目線　ピッチャーをよく見る

足 素早くひきつけ回転を早くする

腕 ワキをしめ、前後に力強く振る

ライン ベースの踏み方、入り方

走る基本練習

メニュー047 理想のラインにそって走る

人数 1人

時間 20分程度

ねらい 打球によって理想のラインを選び、走る練習です。
ねらった塁への最後のラインが直線になるコースを選びます。

一塁打は、スリーフットラインを通り、
ベースを踏んだら右側へ走り抜ける

二塁打は一塁手前で膨らみ、
一～二塁間が直線的になるように走る

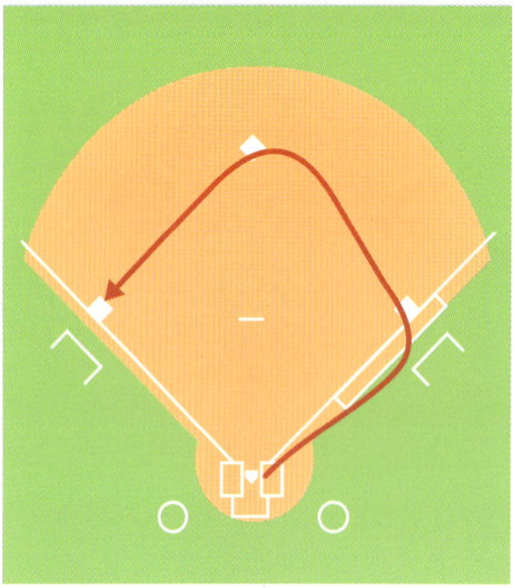

三塁打は二～三塁間が
直線的になるように走る

本塁まで走る場合、三塁からホームベース
までが直線になるラインで走る

やり方

①シチュエーションごとに理想の走塁ラインを引く

②ホーム付近にメンバーを集めスタート

③順々に走り出す

④上記①～③を繰り返す

指導者MEMO

ねらった塁へ走る場合、2つ以上の塁を進むと必ず曲線を走らなければなりません。曲線と直線では、直線を走るほうが近く早いので、余裕がある手前の塁を走るときに曲線を、ゴールに向かう最後に直線を合わせます。

ワンポイントアドバイス

二塁打では一塁から二塁に行くときが直線になるように、一塁へは外に膨らんで入ります。ただただ直線的にベースへ走るのではなく、打球によってどこに直線のラインを作るか判断しながら走ることが大切です。

走る基本練習

メニュー 048

チームに分かれてベースランニング

人数 グループ

時間 10分程度

ねらい 走力を高め、体力を強化するトレーニングです。
負荷が高いので、アフターケアを忘れずにしてください。

チームに分かれ、
リレー形式で競う

やり方

①チームを2～4つに分ける

②チームごとに塁上に集まり、先頭ランナーがスタート

③最初に回り終わったチームが勝ち

④塁ごとや一つおきに走者をおくなど、バリエーションを変える

指導者MEMO

体力づくりのためのランニングや走力を高めるためのダッシュより、ベース間の距離やコースどりが実感できる、より実戦的な走力アップの練習です。チームに分かれて競わせることでチーム力も高められます。

ワンポイントアドバイス

ベースランニングでは、ベースの踏み方に注意してください。スタートがホーム以外のチームの場合、自分がいるベースを必ずホームベースと仮定すると、より効果的な練習ができます。

上手くいかなければ…

理想のラインは盗塁でも同様

一塁打、二塁打、三塁打、ホームラン走など、いろいろなシチュエーションごとに理想のラインを覚え走りましょう。このラインは一塁から盗塁、二塁からホームへ、三塁走者のタッチアップなどでも、このライン取りです。

NG例

最後の一歩は飛ばずに駆け抜ける

一塁に走る場合、ベースを駆け抜けてください。最後の一歩でジャンプはNGです。二塁に走る場合、一塁ベースを左足で踏みますが、歩幅が合わなければ右足で踏んでもかまいません。その際は左肩を下げましょう。

走る基本練習

メニュー049

スタートダッシュの反復練習（10、20、30m）

人数 グループ

時間 10分程度

ねらい

盗塁でよいスタートを切る練習です。
スムーズにスタートできるように、低い構えと足の運びを身につけます。

足を肩幅より少し広くして腰を低く保ち、コーチの合図でスタートを切る

右足を軸にして左足を踏み出す

やり方

①距離を設定し、腰を低く構えてリードの姿勢をとる

②素早くスタート

③距離ごとに2～3本ずつ全力でダッシュする

指導者MEMO

野球で直線の速さを求められるのは塁間の27.4mだけです。この距離を速く走るために何度も反復練習をさせましょう。タイムを計り、目標を持たせると選手のモチベーションが上がります。選手同士でタイムを競わせましょう。

ワンポイントアドバイス

リードの姿勢で腰を低く構えます。その姿勢から最初の3歩は上体を起こさず走りましょう。1歩目は左右どちらの足でも構いません。蹴り出しやすい足でスタートしますが、左足が右足の前に来ると二塁方向に身体が向き、走りやすくなります。

指導者の知恵袋 陸上選手との意識の違い

速く走るためにストライドを広げることが大事ですが、陸上の選手の場合は足を前に出す意識を持ちます。一方、野球選手は30mをより速く走ればいいので、上体が低く保てるように「かかとでお尻を蹴る意識」を持ちます。

指導者の知恵袋 人工芝と自然芝のリード距離の違い

盗塁には、次の頁で紹介しているリードも重要な要素です。リードの距離は、人工芝の場合は芝の切れ目を目安に、土の場合はベースからの歩数で測ります。またグラウンド状況やピッチャーのけん制の上手さも考慮し距離を調節します。

メニュー050 セーフティーリードの距離をつかむ

人数　グループ

時間　10分程度

ねらい
**リード時に自分が戻れる安全な位置を覚えておく練習です。
けん制でアウトにならない自分の距離を知っておくことが重要です。**

セーフティーリードの距離は両手をのばした長さ＋1mが目安

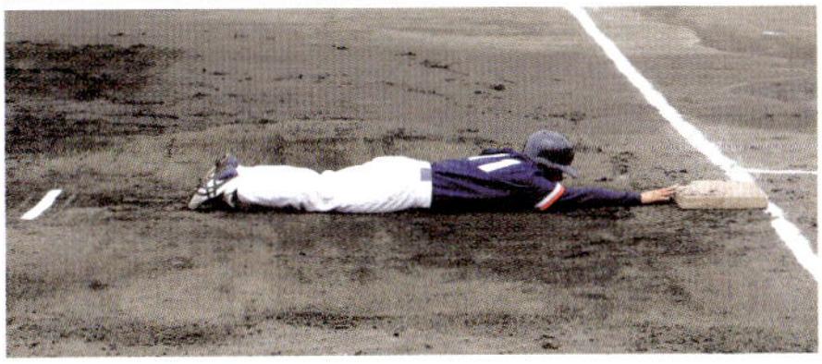

合図でヘッドスライディングをして塁へ戻る（塁に届くまで距離を調整する）

やり方

①塁にでて、セーフティーリードをとる

②ピッチャーはけん制球を投げ、走者は塁に戻る

③上記①～②を繰り返す

指導者MEMO

リードの取りすぎが原因でけん制され、アウトになることもあります。これは大変もったいないプレーです。危険が少なく、チャンスには進塁できる距離を確認させてください。ピッチャーのけん制の早さやグラウンド・コンディションで距離は変わります。

ワンポイントアドバイス

セーフティーリードの距離はヘッドスライディングで帰塁できる長さです。目安はベースから左足までが、両手をのばした長さ＋1mです。確実に戻れる距離を教えてください。

メニュー051 第2リードをとる

人数　グループ

時間　10分程度

ねらい
ピッチャーがホームに投げた後に、走る距離を調節する練習です。アウトにならない距離を覚えます。

セーフティーリードをとり、スタートの構えをする

ピッチャーの投球後さらにリードをとり、バッターが打たない場合は戻る

やり方

①塁に出て、セーフティーリードをとる

②ピッチャーが投球した後、第2リードをとる

③バッターが打たなければ塁に戻る

④上記①～③を繰り返す

指導者MEMO

ピッチャーが投げるまでのリードに加えて、ホームに投げた後に進む第2リードの距離を覚えさせましょう。バッターが打たない場合には、キャッチャーからの送球にも注意が必要です。バッターの動きとキャッチャーの動きを見て、常に判断することが大切です。

走る基本練習

メニュー 052

一塁走者は、慎重に進塁を目指す

人数　グループ

時間　10分程度

ねらい　盗塁やヒットエンドランなどでチャンスを積極的に広げることが大事ですが、けん制でアウトにならない慎重さも必要です。

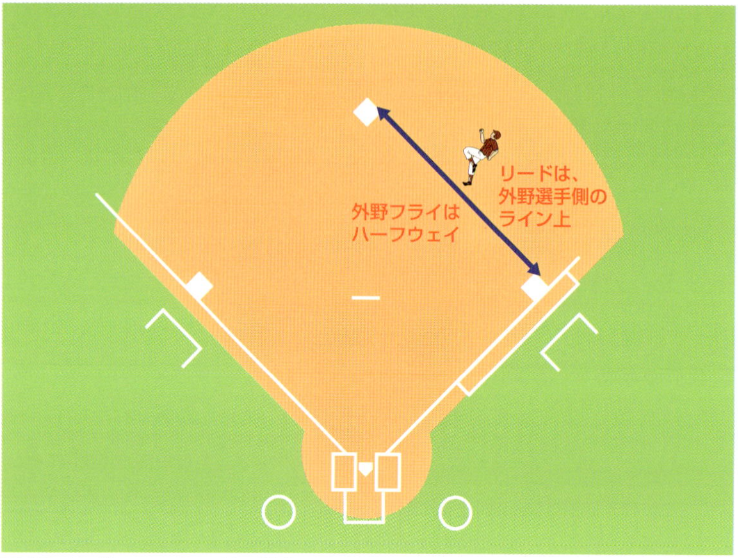

外野フライはハーフウェイまで進む
リードの場所は塁を結ぶ外側のライン上

やり方

①一塁で、走者として構える

②リードをとり、打球やアウトカウントによって状況に応じた動きをする

③走者を交代する

④上記①～③を繰り返す

指導者MEMO

一塁走者はすぐに得点には結びつかないので、無理なリードは不必要です。ただし常にイニング、アウトカウント、スコアを確認し、いつでもチャンスを広げられるように、確実な距離のリードをとらせてください。

ワンポイントアドバイス

その他大事なことは①外野フライは、必ずハーフウェイまで進む②サインは左足をベースにつけて見る③リードは一塁と二塁のベースを結ぶライン上の外側で構える（挟まれた際に逃げる場所が広がる）です。

発展練習　Development practice

4種類のリードの仕方

①セーフティーリードとは、安全な位置のリードから投球と同時にステップ。バッターが打てばスタートを切り、打たなければ帰塁。

②ウォーキングリードとは、盗塁のリード。走らないそぶりで油断させ、投球動作に合わせて走り出す。

③ツーウェイリードとは、両足の親指に均等に体重をかけ、盗塁と帰塁の両方可能なリード。

④ワンウェイリードとは、ピッチャーにわざとけん制をさせ、動作や能力などを知るためのリード

メニュー053

二塁走者のリードのセオリーを覚える

人数　グループ

時間　10分程度

ねらい　二塁走者は、打球によってどう動くかという判断が最も難しい場所です。そのセオリーの理解がねらいです。

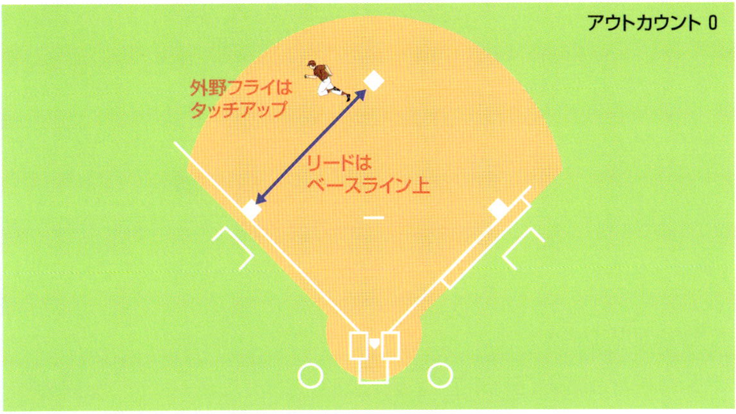
アウトカウント 0
外野フライは
タッチアップ
リードは
ベースライン上

無死のときのリードは、バントや進塁打に備えて二、三塁ベースライン上

無死での外野への飛球は、タッチアップ。

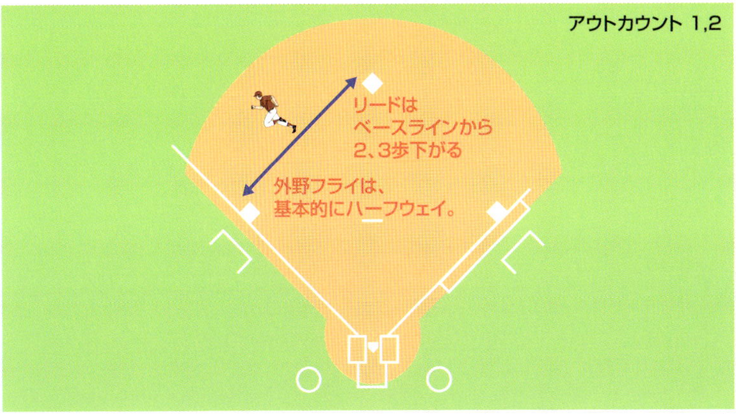
アウトカウント 1,2
リードは
ベースラインから
2、3歩下がる
外野フライは、
基本的にハーフウェイ。

一死または二死のリードは、本塁への走塁がしやすいようにベースラインから2、3歩下がる

一死での外野への飛球は、ハーフウェイリード。大きなフライは近くに戻ってタッチアップ。

やり方

①二塁の走者として準備する

②イニング、カウント、スコアを設定する

③その条件のリードをとる

④実際に打ち、その打球で判断する

⑤上記②を変えて繰り返す

指導者MEMO

選手がリードのセオリーを覚えることが必須です。複雑ですが必ず守らなければいけないことなので、紙に書いて説明したり、突然口頭で質問をしてテストするなど、常に選手の頭の中を整理させておきましょう。

ワンポイントアドバイス

無死では、二・三塁のベースライン上にリードをとります。一死、二死ではヒットに備え、ベースから2、3歩下がってリード。外野への飛球では、無死の場合、必ずタッチアップ。一死ではハーフウェイリード。

メニュー 054

二塁、三塁走者の走塁判断

人数 グループ

時間 10分程度

ねらい **二、三塁の走者のセオリーの理解がねらいです。三塁走者はすぐに得点になるので、この動きを徹底します。**

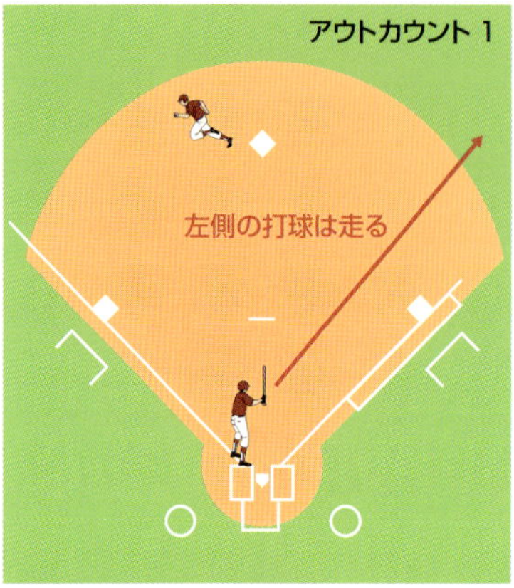
アウトカウント 1
左側の打球は走る

二塁走者の場合、一死では
走者より左の打球は走る

アウトカウント 1
右側の打球は、
基本的にストップ

二塁走者、一死で右は
基本的にはストップ

やり方

①二塁で走塁の準備をする

②打球の方向により、ゴーかストップを判断する

③次に三塁で走者の準備をする

④サインに従いプレーする

⑤上記①～④をチームで繰り返す

アウトカウント 1
右側の弱いゴロは
走りだす

二塁走者、一死で
右の弱いゴロは走る

サインを確認

三塁走者の場合、
サインを確認する

指導者MEMO

走者がゴーかストップかを徹底させましょう。セオリーを必ず理解度を高めたり、イニング、アウトカウントなどの確認を怠らず、走者に早い判断をさせることは、普段の練習ありきです。数多く練習させてください。

ワンポイントアドバイス

二塁走者の場合、無死・一死で自分より左の打球ではゴー、右はストップ。ライナーやフライは無死でタッチアップ。一死はハーフウェイ。三塁走者の場合は、ライナーやフライはバック。ゴロはサインプレーに従います。

メニュー055 ストレートスライディングを覚える

人数 1人

時間 5分程度

ねらい スライディングの中でもよく使われる技術がストレートスライディングです。最低限、全選手が覚えてほしい技術です。

ベース手前から滑り込む

両手は地面につかないようにして、ベースで止まる

やり方

①ベースから8〜10m離れたところに立つ

②合図でスタート

③手前でストレートスライディングをする

④上記②〜③を10回ほど繰り返す

指導者MEMO

ストレートスライディングは、盗塁でタッチをかわすときに有効です。その他に、ヘッドスライディングやフックスライディングなどのスライディングがあります。用途と技術を選手に理解させておきましょう。

ワンポイントアドバイス

片方の足をまっすぐ伸ばし、もう一方の足を折り曲げて滑り込みます。カカトで滑らないように注意してください。また躊躇しないことが成功のコツです。これを使うと盗塁で早いベースタッチが可能になります。

発展練習 Development practice

練習は芝生の上で

芝生の上で練習すると恐怖感も和らぎ、滑る感覚が得やすいでしょう。野球場に限らず、土手など芝生で練習しましょう。スライディングの距離を選手同士で競うと、楽しく練習できます。

指導者の知恵袋

さらに知っておきたいセオリー

二塁走者の場合、基本的に自分より右方向への打球はストップです。ですが右側でもサードとショートが前進する弱い打球ではゴー。三塁走者の場合、ゴロでは①全てゴー、②抜けてからゴー、③自分の判断でゴー、のどれかのサインプレーになります。

走る基本練習

メニュー056 ヘッドスライディングを覚える

人数　1人

時間　5分程度

ねらい　ストレートスライディングとともに頻繁に使われるのがヘッドスライディングです。この技術も全選手に指導してください。

セーフティーリードをし、
ピッチャーの動きを見る

ベースへ向かって
ヘッドスライディング

やり方

①一塁ベースに走者として構える

②リードする

③合図でヘッドスライディングする

④別の選手に交代し、上記①～③を繰り返す

指導者MEMO

ヘッドスライディングは、ピッチャーからのけん制で帰塁する場合に必ず使います。とくに一塁への帰塁では必須です。走塁練習や紅白戦などの際に、この技術の使用を義務づけ、徹底的に反復させてください。

ワンポイントアドバイス

両腕を伸ばして、胸と腹で一直線に滑ります。このときに必ず低い姿勢を作らせます。横になると肩を脱臼する可能性があり、上に跳ぶと腹を強打する危険があるので注意してください。

指導者の知恵袋　ラインをベースに見立てて練習

走塁練習はベースを使わなくてもできます。選手を1塁ベースからセーフティーリードを取ったあたりに、並列に並ばせます。ここからスタートし、バッターボックスからライト方向へ引かれたラインに向かって、ヘッドスライディングします。

NG例　ヘッドスライディングをさけるとき

打者が一塁にヘッドスライディングをするのはよくありません。また本塁へも、防具をつけたキャッチャーのブロックでケガにつながるので避けます。二塁打、三塁打の時はタッチを避ける場合に限り、使うこともあります。

メニュー057

フックスライディングを覚える

人数 1人

時間 5分程度

ねらい 今まではまっすぐベースに向かう動きでした。
フックスライディングは守備の選手を避け、横からベースタッチをする技術です。

三塁向かって
スライディングをする

コーチの指示で
右側によけながら
フックスライディング

やり方

①二塁ベースに走者として構えリードする

②盗塁をする

③三塁に入った野手をよけ、フックスライディングする

④別の選手に交代し、上記①〜③を繰り返す

指導者MEMO

ベース正面で野手が構えているため、ベースに向かってまっすぐスライディングができないときに使います。いろいろなタイプのスライディングを、その都度練習に取り入れていきましょう。

ワンポイントアドバイス

ベースより横方向にスライディングし、フック型に曲げた腕で、横からベースに引っ掛けるように滑り込みます。野手の動きとボールが来る方向を察知し、左右どちらかを判断してスライディングします。

発展練習 Development practice

複合練習で反復

例えば、毎回ダイヤモンド5周のベースランニングをしているチームなら、最後の1周はストレートスライディング。次回の練習時は、最後の一本でフックスライディングのように、他の練習と組み合わせることで、毎回の練習時に反復できます。

NG例

手首を突きにいかない

身体の側面や背面で滑り込めないうちは、このスライディング練習は不要です。恐怖心から、初めに手をつきやすいからです。身体の側面や背面で滑り込めたら、この練習を取り入れてください。

走る基本練習

メニュー 058

モーションを盗むコツをつかむ

人数　グループ

時間　5分程度

ねらい

盗塁を成功させるには、ピッチャーのモーションを盗むことが大切です。投球のリズムやクセをつかめるだけで、成功率が上がります。

投球時の構え
けん制時の足幅

けん制時は
帰塁する

投球時は
スタートを切る

やり方

①バッテリーが投球練習をする

②一塁に走者を置き、リードをとる

③ピッチャーの動きをよく見て、投球に入ったら、スタート

④上記②～③を繰り返す

指導者MEMO

投球とけん制の違いを見つけるためには、一塁に出たときに少しでも多くけん制球を投げさせることです。この動きを習慣化するために、普段から投球練習と組み合わせるとよいでしょう。また、ピッチャーの癖を見つける視点も教えてください。

ワンポイントアドバイス

頭、首、アゴ、肩、ヒジ、ヒザ、足、足幅、スパイクの角度、上体の傾き、グローブの位置などはクセがでやすい場所です。例えば、セットの足幅が狭い場合や、アゴが左肩に乗っている場合は、けん制の確率が高くなります。

指導者の知恵袋

その他の、5つの基準

①右投手の左足のかかとが上がるとホーム、右足（軸足）のかかとが上がるとけん制
②左肩が一塁へ開いているとけん制、ホームへは開いている肩を戻してから投球
③グローブの位置が変わる（普段と上下が変わる）とけん制
④左投手の場合、走者を見ながらホームへ投球する
⑤けん制のときは、ホームを見る（逆を見て投げる）

走る基本練習

メニュー 059

ランダウンプレーからの逃げ方

人数　グループ

時間　5分程度

ねらい　塁間で挟まれてしまったら、あきらめずにできるだけ長く逃げます。ここではその鉄則を紹介します。

ボールを持っている選手を追わせて引き付ける

相手に投げたこの瞬間に、走者は振り向き逃げる

やり方

①塁間に走者として構える

②塁間で走者を挟む

③走者はアウトにならないように粘る

④上記②〜③を繰り返す

指導者MEMO

挟まれた場合、次のような鉄則があります。①無死または一死で、三塁走者が内野ゴロで挟まれた場合、粘って時間を稼ぎ打者を二塁まで進める。もしくは②本塁ベース近くに引き寄せる。けん制の場合には、機敏に逃げ回り相手のミスを誘います。

ワンポイントアドバイス

けん制で挟まれた場合は、ボールを持った野手にぶつかるとインターフェア（守備妨害）を取られます。追いかけられたら相手を引き寄せ、野手に投げた瞬間の、振り向きざまにぶつかるとオブストラクション（走塁妨害）が取れます。

上手くいかなければ…

周りを見ながら逃げる

ランダウンプレーで一番多い、野手側の失敗は落球です。野手同士を結んだライン上を走ると、焦りを誘えます。また、逃げることだけに夢中にならず、野手のプレーも常に視野においてください。

NG例

走塁時にありがちな反則

走者が野手の邪魔をすると、インターフェア（守備妨害）の反則を取られます。逆に守備側が走塁を妨害すると、オブストラクション（走塁妨害）の反則を取られます。

走る基本練習

メニュー060 打球の判断力を鍛える

人数 グループ

時間 5分程度

ねらい 実戦に近づけて、ノック時に走者がヒットエンドランやタッチアップなどの判断をして動く練習です。

走者を構えさせる

指導者はノックをして、走者自身に動きを判断させる

やり方

①イニング、アウトカウント、スコアなど設定する

②走者を構えさせる

③指導者はノックを行い、走者の判断で動いてもらう

④動きが正しかったか間違っていたか説明し、走者の判断力を高める

⑤上記②〜③を繰り返す

指導者MEMO

まず、走塁のセオリーを選手に理解させます。その上でノックを行い、走者になった選手自身に判断を任せプレーをさせます。ノックをする指導者はさまざまなシチュエーションを作り出し、選手の判断力を鍛えましょう。

ワンポイントアドバイス

最初は、外野フライのみの練習なども効果的です。一瞬の判断が的確にできるように、わかりやすいシチュエーションからはじめましょう。また打撃練習中に走者をおくと、より実戦に近い練習になります。

発展練習 Development practice 常に選手自身に判断させる

走塁の練習やスライディングの練習など、個別の練習は、技術の習得や調整時に有効です。ですが実戦で使える技術にするためには、選手個々に常に緊張感を持たせ、自分たちで判断させる練習法へ発展させてください。

指導者の知恵袋 機動力野球こそ、勝機を増やす

走塁と走者を助けるバッティング（バントやエンドラン）を総して、機動力と言います。どんなに打率のよいバッターでも、盗塁の成功率にはかないません。打力と機動力を上手くミックスすることが、強いチーム作りに必要です。

ピッチャー練習編

ピッチャーにとって、コントロールやスピードの強化は重要課題です。
また、同時に野手としての技術も磨かなければなりません。
この両面から、ピッチャーに必要な練習を紹介します。

投げる
捕る
打つ
走る
ピッチャー
キャッチャー
内野
外野
攻撃
守備
トレーニング

メニュー061 寝転がって真上に投げる

人数 1人

時間 5分程度

ねらい 特にピッチャーに必要な、手首のスナップの動きを習慣化する練習法です。数多くのプロ選手が実践しています。

あお向けになり、
手首を使って上に投げる

まっすぐな
縦回転をかける

やり方

①横になってボールを持つ

②手首を使って上に向かって投げる

③落ちてくるボールをキャッチする

④上記②～③を一定時間や回数、繰り返す

指導者MEMO

ピッチャーには、常にボールを手になじませるように指導してください。練習時間だけではなく、練習の合間や自宅でも、できるだけボールに触ることが大事です。この練習を室内でする場合、天井ギリギリの高さを目標にすると、コントロールが格段に上がります。

ワンポイントアドバイス

硬球に恐怖心がある場合には、軟式ボールで慣れてもよいでしょう。手首のスナップを使い、まっすぐな縦回転をかけて投げます。天井があれば、そこまでの距離をねらうとコントロールの強弱をつける練習にもなります。

メニュー062 足を前後に開き、キャッチボール

人数 ペア

時間 5分程度

ねらい 正しいテイクバックは、ヒジの位置が身体の真後ろにきます。正しい投げ方を習慣化する練習法です。

テイクバックを意識して
投球

やり方

①2人組みでキャッチボールの体制になる

②足を前後に開き、構える

③テイクバックを意識しながらキャッチボールをする

④一定時間や回数、繰り返す

指導者MEMO

足を前後にすることで半身の状態をとり、テイクバックをしやすくします。テイクバックのときに、背中側から見てヒジの尖端が見える場合は、投げ方の修正が必要です。ですが、このような選手は、サイドスローかアンダースローが適しているとも言えます。

メニュー 063

足をめいっぱい広げて投げる

人数 ペア

時間 5分程度

ねらい 正しい体重移動を覚えるための練習です。
テイクバック時は後ろ足に、投球後は前足に全体重を移します。

前足に体重を乗せて構える

後ろ足に体重を移してテイクバック

前足に体重を移しながら投げる

最後は前足に全体重を乗せる

やり方

①足を広げて立つ

②前、後ろ、前のタイミングでボールを投げる

③一定時間や回数、繰り返す

指導者MEMO

思いっきり足を開かせます。この動きだけでも下半身の強化になります。足を開くとバランスが悪くなるので、上体をしっかり起こして構えさせてください。この姿勢で明確な体重移動を使います。

ワンポイントアドバイス

まず、前足に体重を乗せます。そこから後ろ足に体重を移してテイクバックをし、前足に体重を移しながらボールを投げます。前、後ろ、前の体重移動を使います。

投げる
捕る
打つ
走る
ピッチャー
キャッチャー
内野
外野
攻撃
守備
トレーニング

メニュー064 前足を台に乗せて投げる

人数 ペア

時間 5分程度

ねらい

前足への体重移動の練習です。
前足に体重を乗せきれない選手や、投球後に前のめりになる選手にお勧めです。

後ろ足に体重を乗せて
テイクバック

前足に全体重を乗せ、
ヒザを曲げる

やり方

①マウンドの低いところで構え高いところへ前足を乗せる

②投球後に全体重を前足に乗せる

③上記①〜②を一定時間や回数、繰り返す

指導者MEMO

高さが20cm前後の台や、マウンドの低いところを使います。低い位置の後ろ足から高い位置に置いた前足に体重を移すことが目的です。投球後は前足に全体重を乗せ、ヒザを曲げることがコツです。

ワンポイントアドバイス

前足への体重移動は脚の筋力が必要です。無理な練習はケガの原因になるので、日々のトレーニングが大切です。

メニュー065 鏡に向かってシャドーピッチング

人数 1人

時間 5分程度

道具 タオル

ねらい

フォームを作ったり、リリースポイントを安定させる練習です。
ある程度技術ができあがっても、定期的に繰り返したい練習です。

指にタオルを挟むと
腕の振りを
チェックできます

やり方

①鏡や姿が映るガラス戸の前に立つ

②一度ゆっくりと、手が体の遠くを通るように動かす

③両肩が左右にブレないようにシャドーをする

④一定時間や回数、繰り返す

ワンポイントアドバイス

鏡の前に立ち、両肩を平行にします。両肩が決めた位置から左右にでないように、投げる動きをします。一度ゆっくりと投げる動きをし、できるだけ手が体の遠く通るイメージを作ってから反復するとよいでしょう。

指導者MEMO

自宅や狭い場所でできる練習です。雨の日やグラウンドが使えない日、練習後などにも1人でできます。地道な基礎練習を反復できる選手ほど、大成する可能性を持っています。

ピッチャー編

メニュー066 ねらった場所にボールを当てる

人数	1人
時間	5分程度
道具	テープ

ねらい テイクバックから、ねらった場所に投げる練習です。投球フォーム固めとコントロールの向上に役立ちます。

壁に目標をつける

目標をねらって投げる

やり方

①壁に目標をつける

②構える

③目標に当てる

④上記②〜③を一定時間や回数、繰り返す

指導者MEMO

初めは①片ヒザ②肩幅に足を開き、ヒザ以外は上半身の動き集中させる。このどちらかのやり方で上半身の動きを固めます。ある程度的に当たるようになったら、ワインドアップやセットポジションからの投球に発展させます。

ワンポイントアドバイス

最初は腰を正面に向け、最小限の腰の回転で投げます。ヒジを真横に上げ、手首の返しを意識します。この動きに慣れたら、普通の投球に戻します。

メニュー067 打者を立たせて投球練習

人数	グループ
時間	3分程度

ねらい より実戦に近い、コントロールを重視した投球練習です。打者がいる状態で、ストライクゾーン内を上下左右に投げ分けます。

実際に打者を立たせ、ねらったコースに投げる

やり方

①ピッチャーとキャッチャーは、それぞれのポジションで準備する

②バッターボックスに打者を立たせる

③一定時間や回数、繰り返す

指導者MEMO

打者が立っているだけで、ピッチャーの緊張感はまったく違います。特に試合で実力がだせないピッチャーに有効な練習です。初めはストライクゾーンの四隅とど真ん中を中心に。慣れてきたらボール1、2個分ずつズラすようなきわどい要求をします。

メニュー 068

直球を投げる

人数　ペア

時間　10分程度

ねらい　**速いストレートを投げる練習です。**
練習の事前事後のウォーミングアップやクールダウンにも気をつけます。

直球の握り方

軽く握ったまま、
投球モーションにはいる

腕全体を振りだして
投げる

投げた腕が左腰にくるくらい
フォロースルーをとる

やり方

①ピッチャーとキャッチャーがそれぞれの位置で構える

②キャッチャーに向かって速球を投げる

指導者MEMO

直球でも変化球でも、腕の軌道は変わりません。ですので、どのような球種でも投げ方の基本は同じです。ボールを握ることに力を使うのではなく、腕全体の振り方に力を使うと重さのある速球が投げやすくなります。

ワンポイントアドバイス

直球を投げるときは、ボールをやさしく持つことが大切です。卵を持っているような感覚と表現するプロの選手もいます。力は投げるときに一瞬で入れ、ボールにきれいな縦回転がかかるよう心掛けます。

ピッチャー編

メニュー 069

カーブを覚える

人数 ペア

時間 10分程度

ねらい

カーブの握りと投げ方を覚えます。
変化球が投げられると、配球に幅がでたり、直球を引き立てられます。

カーブの
握り方

軽く握ったまま、
投球モーションに入る

やり方

①キャッチャーに構えてもらう

②カーブを投げる

③一定回数や時間、繰り返す

腕の軌道が直球と
変わらないように振りだす

ボールが離れる際に、
手首を小指側にヒネる

指導者MEMO

変化球を投げるときに、もっとも重要なのは指先の感覚です。ボールを横に回転させるために、指の力や握力を普段から鍛えておくことが大切です。投手には、常にボールに触れるような指導と指示をしてください。

ワンポイントアドバイス

中指と人差し指を、縫い目の最も狭いところへ斜めにかけ、親指も縫い目にかけます。はじめは軽く、テイクバックから力を入れて握ります。ボールをできるだけ身体の前にだし、打者に最も近い位置で離します。

ピッチャー編

メニュー070

シュートを覚える

人数 ペア

時間 10分程度

ねらい **シュートを投げる練習です。**
右バッターの内角をつくシュートは、とても有効な武器になります。

シュートの
握り方

軽く握ったまま、
投球モーションに入る

腕の軌道が直球と
変わらないように振りだす

ボールが離れる際に、
全ての指を打者の内側に向けてヒネる

やり方

①キャッチャーに構えてもらう

②シュートを投げる

③一定時間や回数、繰り返す

指導者MEMO

シュートは変化球の中で最も無理のかかる投げ方なので、ヒジや手首に大きな負担がかかります。はじめは投球数が1日10球程度。慣れても2、30球に抑えるなど、投げすぎには十分注意してください。

ワンポイントアドバイス

人差し指と中指をそろえて、指先を縫い目にかけます。すべての指を、打者の内角に向けてひねりながら投げましょう。シュートも腕の振りはストレートと同じです。

メニュー071

チェンジアップを覚える

人数 ペア

時間 10分程度

ねらい

チェンジアップの投げ方を練習します。
変化球の練習は、数を決めて集中して投げましょう。

チェンジアップの握り方の一例
3本指のチェンジアップの握り方

軽く握ったまま、
投球モーションに入る

腕の軌道が直球と
変わらないように振りだす

3本の指でボールを抜きながら、
ボールを投げる

やり方

①キャッチャーに構えてもらう
②チェンジアップを投げる
③一定時間や回数、繰り返す

指導者MEMO

チェンジアップは、いきなり球威を弱くすることでバッターのタイミングを外します。動き自体がゆっくりにならないよう、注意してください。なお、チェンジアップはタイミングを外す球種の総称で、何種類も存在します。

ワンポイントアドバイス

どんな球種でも、基本となる投球フォームは同じです。特にチェンジアップは球威を弱める球種なので、バッターに解ると打たれる可能性が高くなります。直球と同じように腕を強く振り、速い球と見せかけます。

ピッチャー編

メニュー072 その他の変化球の握り方（日米の変化球）

人数 1人
時間 3分程度

ねらい 変化球は、ここで紹介するように選手個々にアレンジをする場合が多々あります。自分に合った投げ方を見つけてください。

日本人N投手の握り方

カーブ

シュート

チェンジアップ

大リーグH投手の握り方

カーブ

シュート

チェンジアップ

メニュー073 変化球のスナップでボールトス

人数 1人

時間 10分程度

ねらい 変化球の質を高めるために必要な、親指のスナップを強化します。
地道に繰り返すと、曲がり具合や落ち具合に、徐々に変化がでてきます。

変化球の握りで
ボールを持つ

親指で
跳ね上げる

やり方

①変化球の握りでボールを持つ

②親指のスナップで、ボールを高く上げる

③落ちてきたボールをキャッチする

④上記②と③を一定時間や回数、繰り返す

指導者MEMO

変化球を投げるためには、指先の力と親指のスナップを強化する必要があります。雨でグラウンドが使えない場合や、仕事との両立で練習量が十分取れない場合などに有効です。自宅でも休憩時間でも、とにかく習慣づけることが大事です。

ワンポイントアドバイス

変化球の握りでボールを持ち、親指でボールを上に跳ね上げます。プロでは軽く1m以上上げる選手がほとんどです。天井までを目標にして、また他の選手と競い合いながら練習してもよいでしょう。

発展練習 Development practice

壁当てで、効果を実感

同じことの反復練習は、すぐに効果を感じられない場合がほとんどです。特にボールトスのような地道な練習になると余計です。そのような場合は、壁に向かってピッチング練習をしてみると、変化が実感できるかもしれません。

指導者の知恵袋

壁当てでプロになる

元ヤクルトスワローズのギャオス内藤の言葉です。彼は「壁当てだけでプロ野球選手になった」と言い切れるほどこの練習を繰り返し、実力をつけました。このような前例があるほど、壁当てはとても効果的な練習です。

ピッチャー編

メニュー074

キャッチャー相手にけん制練習

人数　ペア

時間　10分程度

ねらい　**自分の向きを変えるだけで、キャッチャー相手に各塁へのけん制練習ができます。けん制時の足の踏み換えを覚えることがねらいです。**

向きを変え、キャッチャーを野手に見立てる（ここではファースト）

軸足のカカトを上げ、親指を軸にして回転しながら送球モーションに入る

左ヒジを体につけ、右足の指先を投げたい方へ向けて踏みだし、送球

一塁ベースの外側の角に投げると、タッチをしやすい

やり方

①ピッチャーは、キャッチャーがけん制の方向になるように向きを変える

②走者の動きを見る演技をする

③軸足のかかとを上げ、親指のつけ根を軸にしてキャッチャーの方へ回転する

④左足の指先をまっすぐキャッチャーへ向けて踏みだし送球

⑤上記②～④を一定時間や回数、繰り返す

指導者MEMO

走者や内野手がいなくても、キャッチャーを相手にして、ピッチャーの向きを変えるだけでけん制練習ができます。この練習は投球練習に続けて、時間と人数を割くことなくできます。このように、指導者は練習の工夫をすることも大切です。

ワンポイントアドバイス

正しいけん制時の足の踏み換えを練習します。ファーストへのけん制の場合、肩越しにランナーを見て、軸足のカカトを上げ、親指のつけ根を軸にして一塁方向へ回転し、送球します。左ヒジを身体につけると、投げやすくなります。

メニュー075 走者をおいてけん制練習

人数　グループ

時間　10分程度

ねらい

走者の動きに合わせて、けん制を投げる練習です。ボークにならないように、足の動きに注意します。

走者は盗塁をするつもりでリードをとる

ピッチャーはけん制方向に足を真っすぐ踏みだして投げる

やり方

①内野手と、走者がそれぞれの位置につく。

②走者は盗塁をねらい、スタートの準備をする

③ピッチャーは盗塁されないように、けん制する

④走者を別の塁におき、②～③を練習する

⑤これを一定時間や回数、繰り返す

指導者MEMO

けん制の目的は、①走者をアウトにすること、②スタートを遅らせることの2つです。これを投手に理解させ、けん制をあせらないことが大切です。けん制が暴投になりピンチになることを避けましょう。

ワンポイントアドバイス

けん制を見破られないために、常に同じ姿勢から投げることが重要です。正確なけん制球を投げるために、けん制をねらうベースに向かってステップを真っすぐに踏みだすことを意識します。

発展練習 Development practice

セカンドへのけん制球

左回りの基本は以下の4つです。①ターンしやすい歩幅で構える。セカンドを向き、ランナーと野手を確認する　②アゴを肩につけたままヘッドアップせずにターンする　③セカンドベースへ左足を真っすぐ出す　④野手のヒザの高さをねらい投げる　左投手の場合は、同じ動きから右回転をします。二死でカウント2－3の場合、必ずこのけん制を入れましょう。

上手くいかなければ…

ピッチング後に構えられない場合

ピッチング後、打球に備えて低く構えることは難しいことです。そのため、「なるべく両足を少し広めに開く、もしくはヒザを曲げる」ことを意識しましょう。低い姿勢が可能になります。

メニュー076

一塁へ ベースカバーに入る

人数 グループ

時間 10分程度

ねらい 投球後はピッチャーも内野手であり、ベースカバーも重要な役割の１つです。確実なカバーリングと判断力を身につけます。

送球がどの方向から来るかによって、カバーの入り方を図のように変える

送球によってかわる
カバーへの入り方

A一塁後方からの送球は
一塁線に沿ってベースカバーに入る

Bセカンド方向からの送球は、AとCの
真ん中に入る

Cサード方向からの送球は、マウンドから
直線的に入り、ボールを待つ

やり方

①内野手が各ポジションに入る

②投球後、ピッチャーも一塁側への打球を意識して動く

③ベースカバーに入る

④上記②と③を一定時間や回数、繰り返す

指導者MEMO

打球が自分よりも一塁側に飛んだら、一塁のカバーに入ります。ピッチャーには常にイニング、アウトカウント、得点、守備隊形など周りの状況を頭に入れさせてください。

ワンポイントアドバイス

カバーの基本はベース手前で捕球し、右足でベースの内側を踏み、グラウンド内側に逃げます。一塁後方からの送球では、一塁線に沿って入ると捕球がしやすくなります。サード方向からは最短距離で入り、ボールを待ちます。

キャッチャー練習編

キャッチャーがチームのカギを握っているといっても
過言ではありません。
それだけ高い能力が求められるキャッチャーの練習法を紹介します。

メニュー077 正しい構えを覚える

人数 ペア
時間 3分程度

ねらい キャッチャーの正しい構えを覚えます。ピッチャーが投げやすいように構えることが基本です。

カカトはボール1個分くらい浮かせて構える

バランスが崩れないように捕球する

やり方

①キャッチャーの装備を付け、ホームベースの後ろで準備する

②肩幅に開いた足のつま先を10時10分にして、ボールをカカトの下に入れる

③姿勢を高くせずに捕球する

④10～20回繰り返す

指導者MEMO
生活スタイルが昔と変わってイスに慣れているため、キャッチャーの姿勢は苦痛で疲れます。楽をしようとしてヒザを着いたりしがちですが、基本の姿勢をとらせてください。練習でできないことは、試合でもできません。

ワンポイントアドバイス
①足を肩幅に開く②つま先を10時10分に広げて座る③正面にミットを構える④カカトの下にボールを置く⑤太ももとふくらはぎの間に指1本分の隙間を保つ⑥右手を下げ肩のラインを平行にする。これらのポイントを身につけます。

メニュー078 右手を右腰に当てたまま捕球

人数 ペア
時間 5分程度

ねらい シングルハンドの捕球が目的です。正しい姿勢で構えられると、捕れる範囲が広がります。

カカトを浮かせて
いろいろな球に対応する

やり方

①キャッチャーは正しい姿勢で構える

②10m位離れた場所から、上下左右に散らした球を投げる

③シングルハンドでキャッチする

④上記②～③を一定時間や回数、繰り返す

指導者MEMO
内角、外角、高め、低めと、いろいろな球を確実に捕らせてください。苦手な場所があれば、何度も捕らせて克服しましょう。大きく外れた球でも、カカトを浮かせた正しい姿勢で捕球させてください。

キャッチャー編

メニュー 079 横に張ったロープをくぐって捕る

人数　ペア

時間　5分程度

道具　ゴムひも

ねらい 低い姿勢での捕球練習です。バントなどでキャッチャー前に転がった球を、素早く捕球します。

ロープをくぐって
ボールを追いかける

姿勢を上げずに
捕球する

やり方

①ホームベースの後ろに構える

②頭の高さにロープを張る

③ゴロを投げる

④ロープをくぐってゴロを捕球する

⑤上記③～④を一定時間や回数、繰り返す

指導者MEMO 低い姿勢のまま捕球させることが大切です。低いほうが早いことを証明するためにタイムを計ったり、捕球までの早さを2人で競わせたり、ロープの高さを徐々に低くしていくなど、練習を工夫しましょう。

ワンポイントアドバイス

低い姿勢を作ることが目的です。低い姿勢は、基礎体力や運動能力を高めるので、選手全員でこの練習をすることをおすすめします。

メニュー 080 後ろから手投げゴロでフットワーク強化

人数　ペア

時間　5分程度

ねらい バントの処理練習です。低い姿勢での捕球練習にもなりますが、股下から転がるボールに素早く反応する判断力と敏捷性も鍛えられます。

指導者は
ボールを転がす

やり方

①キャッチャーはホームベースの後ろに構える

②指導者はキャッチャーの後ろに立つ

③キャッチャーの足の間からゴロを投げる

④転がったボールをキャッチする

⑤上記③～④を一定時間や回数、繰り返す

指導者MEMO バントで転がる球をイメージして、指導者はキャッチャーの足の間からボールを転がします。選手の能力に応じて、球威と方向をコントロールしてください。低い姿勢のまま動くように指示してください。

キャッチャー編

メニュー081 4人一組で、バント処理練習

人数 グループ

時間 10分程度

ねらい ゴロの捕球から、各塁へ送球するまでの流れの練習です。効率よく練習できるので、野手も含めてもよいでしょう。

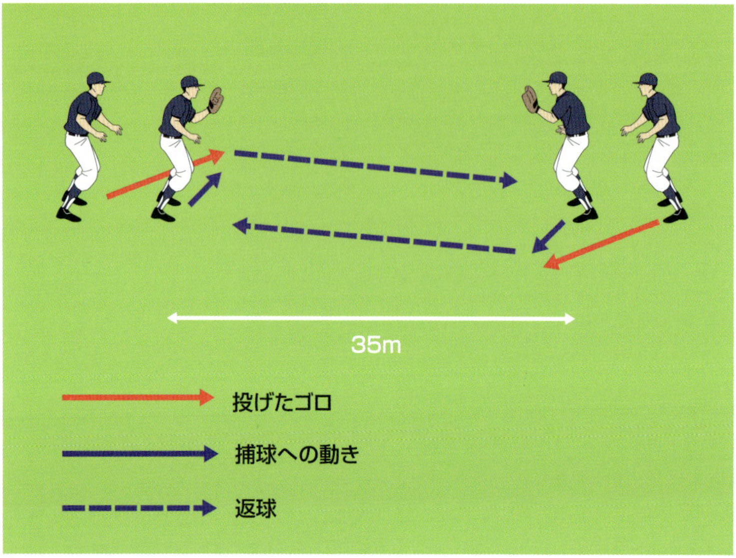

ある程度人数が増えても、効率よくできる練習。
人数が増えすぎた場合には、グループ数を増やす

やり方

①2人は前後に並び正面を向く。もう一方も向かい合う。

②後ろの人がボールを転がし、前の人がボールに気づいた時点で捕球に動く。

③捕球したら、もう一組の前の人に投げる。

④キャッチした人は後ろの人にボールを投げ、ゴロを転がしてもらう。

⑤上記②～④を一定時間や回数、繰り返す

指導者MEMO

捕球後の送球を急ぐと、ミスが起きやすくなります。練習前に、確実な捕球と基本を踏まえた送球が要点と、一言説明をしてください。この場合の各塁への投げ方は、他の野手と同様、投げたい方へ左足を踏みだします。

ワンポイントアドバイス

声を出し合い、ゴロをす早く捕って送球します。次々と順番が回ってくるので、テンポよくボールをさばいていきましょう。

発展練習 Development practice 捕球しにくいバッターの構え

捕球しにくいのは、バントの構えからヒッティングに変えられたときと、セーフティーバントでベースの前に打者がでてきたときです。このような場面でも、なるべくボールを下から見て目を離さないようにします。

指導者の知恵袋 バントの際、見えないボールの対処法

バットとボールが重なると、キャッチャーはボールが見にくくなります。その場合は、バットの下にもぐってボールを見ます。上から見るのはよくありません。例えば変化球では、完全に見失うことがあります。最後までバットと重なっていたらバントと判断し、バント処理の体勢に入りましょう。

キャッチャー編

メニュー 082

ブロックの基本

人数 グループ

時間 5分程度

ねらい **返球の方向に応じてブロックの位置を変え、本塁を死守する練習です。キャッチャーの最も大事な役割の１つです。**

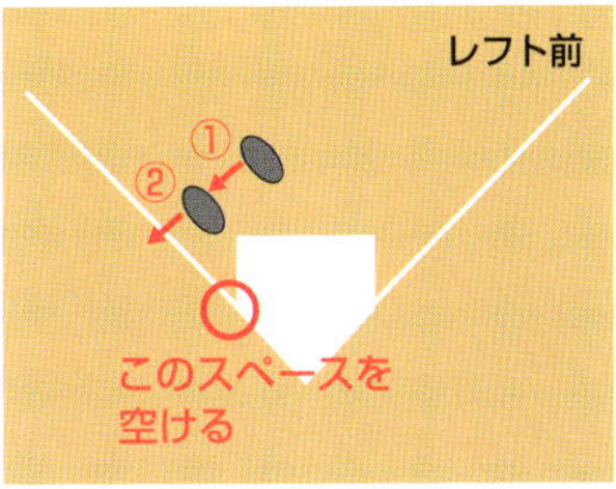

ベースから少し離れてもOK

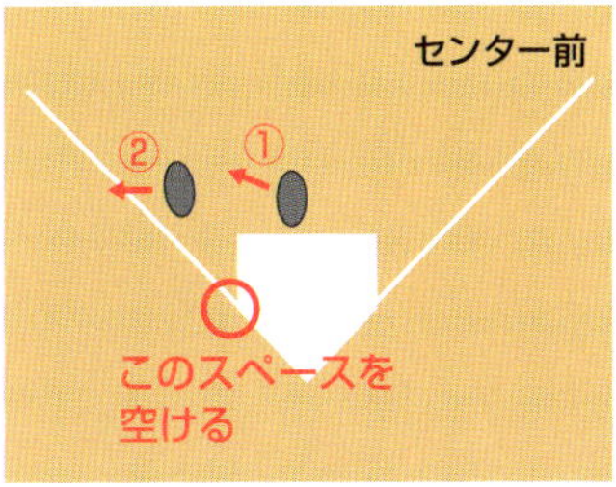

ホームベースの少し前・左方向

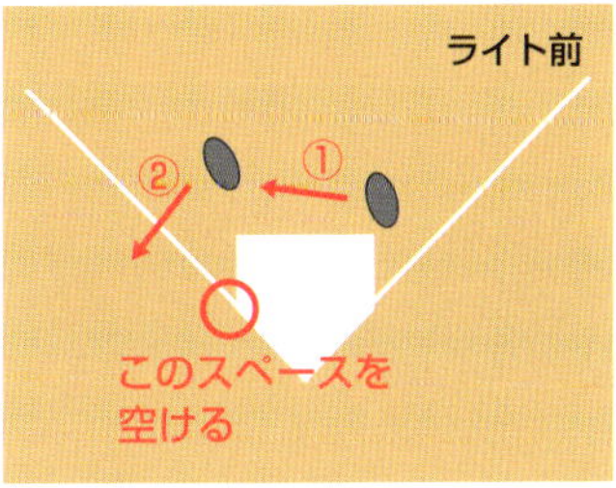

ベース近めでブロック

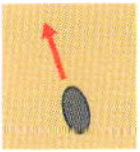
鉄則!

左足をランナーに向けると、自然とレガースの正面がランナーに向く

やり方

①キャッチャーはホームベースの前に構える

②走者は三塁からスタートする

③返球の方向に応じて構え、ブロックする

④上記②～③を一定回数や時間、繰り返す

指導者MEMO

基本は図のように構え、矢印方向へステップします。選手にもこのような図を使って説明してください。ライトからの送球がギリギリのときは、「本塁後方に構え、走者を手前に誘いこむ」といった、走者の進路を変更させる戦略もあります。

ワンポイントアドバイス

ベースの前に構え、どんな返球にも対応できるようにします。この時、ベースを体で防ごうとすると体当たりされる可能性があります。完全にベースを見せ、走路を空けておきましょう。

発展練習 Development practice

状況でブロックの構えを変える

本塁のブロックで余裕がある場合は、ベースをまたぎ左足のつま先（レガース）をランナーに向け、両手で握ったボールをミットの甲でタッチします。一方、クロスプレーの場合は、ケガを避けるために必ず両ヒザをついてください。

NG例

片ヒザブロックは厳禁

ブロックはキャッチャーの醍醐味な反面、ケガの大きな原因でもあります。
昔は、片ヒザを立ててブロックすることが主流でした。ですがスネの骨折が多いため、現在では両ヒザをついてブロックします。

キャッチャー編

メニュー083 ホームベース上のタッチとブロック

人数 グループ

時間 5分程度

ねらい ボールは手首のスナップが自由に使えるよう、軽く握ります。

返球に備えて
ベースの前に構える

両ヒザをつき、
ランナーをブロックする

やり方

①三塁に走者を置き、キャッチャーは返球に備える

②返球を捕る構えから送球をうけ、三塁走者はベースタッチをねらう

③本塁をブロックする

④上記②～③を一定時間や回数、繰り返す

指導者MEMO

捕球後は走者に左足を向け、足を守るレガースを正面に向けてブロックすることが以前の主流でした。しかしケガが多いので、最近はボールを受けたら正座をするように両ヒザでブロックする形に変わってきています。

ワンポイントアドバイス

レフトやセンター方向からの送球は、走者が見やすくブロックしやすいのですが、ライトからの送球では走者が視野に入りません。足の速さやサードベースの回り方を考えてブロックを準備しましょう。

メニュー084 片足を円の中に入れたまま、キャッチ&タッチ

人数 ペア

時間 5分程度

道具 石灰

ねらい ベースを踏んだまま、もしくはすぐにベースに戻ることを意識して、捕球とタッチをする練習です。

片足を円に入れて
ボールをキャッチ

やり方

①円の印を書いておく

②キャッチャーは片足を円に入れ、指導者からのボールをキャッチする

③外れた場合は、すぐに円に戻る

④上記②～③を一定時間や回数、繰り返す

指導者MEMO

円をベースに見立てて、なるべく片足を円の中に残して捕球します。送球がそれた場合は、捕球後すぐに円に戻ります。指導者は、捕手が円の中でギリギリ捕れるくらいの場所にボールを投げてください。

キャッチャー編

メニュー 085

ショートバウンドの捕球練習

人数　ペア

時間　5分程度

ねらい　**ショートバウンドした球を捕る練習です。後ろにそらしてしまうと進塁や失点につながるので、重要な練習です。**

キャッチャーはショートバウンドを予想して構える

全身を使って、ボールを確実に止める

やり方

①キャッチャーの装備をして構える

②他の選手から、近い距離でショートバウンドを投げてもらう

③ヒザの倒し方やミットの構えに注意し、ボールを止める

④上記②～③を一定時間や回数、繰り返す

指導者MEMO

バウンドした球に対して、身体を引かないように指導してください。特に変化球は、バウンド後に思わぬ方向に変化します。ミットだけで捕ろうとせず、全身にぶつけて止める意識を持たせてください。常に後ろへ逸らさないように動くことが大事です。

ワンポイントアドバイス

後ろに逸らさないように身体で止めることが大切です。両ヒザを同時に内側に絞り地面につけ、ワキを閉めます。ミットが大きく開くように、股の間に地面と90度の角度で構えましょう。

上手くいかなければ…

4つのチェックポイント

バウンドが上手く止められない場合は、次のことを確認しましょう。

①両ヒザを同時に折っているか…片ヒザだと隙間ができ後ろにそらす可能性があります。

②ミットは地面と90度になっているか…ボールに対して正面になり大きく開きます。

③横に逸れたボールに対しても身体が正面を向いているか…身体が横を向いた状態でボールが当たると大きく横に弾んでしまう

④身体の力を抜いてボールの勢いを殺しているか…背中を丸めてボールを包み込まないと弾いてしまう

メニュー 086

二塁へのスローイング

人数 グループ

時間 5分程度

ねらい 二塁盗塁を阻止するスローイングの練習です。走者を簡単に走らせないような、速くて確実なボールを投げることが目的です。

走者が走った瞬間に腰を浮かせ、
捕球と同時に右足をだす

左足をだしながら、
右手に握りかえて送球

やり方

①キャッチャーは構え、ボールを投げてもらう。一塁には走者を置く

②盗塁をねらう走者を見ながら、捕球

③走者がスタートを切ったら、二塁へ送球

④上記②～③を一定時間や回数、繰り返す

指導者MEMO

盗塁阻止の鉄則は、①正確な捕球②右足を軸足としたワンステップのフットワーク③右手への早い握りかえ④二塁への確実な送球、です。②では、走者のスタートと同時に腰を浮かせ、捕球と同時に右足、左足と動かして送球します。

ワンポイントアドバイス

右手への握り変えを早くするためのコツは、捕球の時に左手の面を少し右向きにして、ボールを右手の近くにしておくこと。捕った瞬間に右手に持ち変えられるので速い送球ができます。

発展練習 Development practice

フットワークで盗塁を制す

スローイングで大切なのは、捕球と同時に右足をだし、左足をだすまでに握り変える動きです。左足のステップは肩幅程度が目安で、目標に向かってまっすぐ踏みだします。ピッチャーの頭を目標にすると投げやすくなります。

上手くいかなければ…

ボールの縫い目に指をかける

ステップに気をつけても上手く送球できない場合、握り変えを意識します。握り変えながらボールの縫い目にきっちり指をかけ、親指が人差し指と中指の真下にくるように握ります。

メニュー087

バックアップ

人数　チーム

時間　10分程度

ねらい　キャッチャーはバックアップも大事な役割。本塁への走者がいない時は内野ゴロのバックアップに回ります。

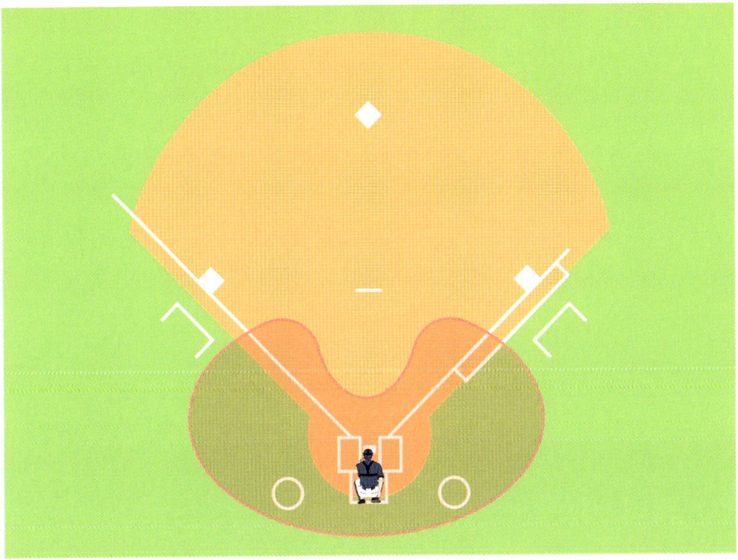

キャッチャーの
カバーリングの範囲

やり方

①内野の守備につく

②内野ゴロの球速や方向に応じてカバーに入る

③動きを確認する

④上記②〜③を一定時間や回数、繰り返す

指導者MEMO

選手にはバックアップの重要さを十分説明しておいてください。もし暴投やミスがあった場合には得点に大きく響きます。人のプレーの傍観者にならないよう、常に自分の役割を考えさせてください。

ワンポイントアドバイス

セカンドゴロのバップアップは、必ずキャッチャーの責任です。セカンド方向から暴投すると一塁フェンスにあたり、ホームに向かって転がります。一塁後方のファールグラウンドに走り対処しましょう。

発展練習 Development practice

セカンドゴロでも打球の強さで変わる

同じセカンドゴロでも、打球の強さによってバックアップの範囲が変わります。緩いゴロは、セカンドが前進して捕球し一塁に投げます。そのため、バックアップは深い位置まで必要になります。逆に強めのゴロは、浅い位置で大丈夫です。

指導者の知恵袋

暴投が多いシチュエーション

セカンドゴロは、投げるときの体勢が悪くなり、暴投が多くなります。また一二塁間は、ファーストとセカンドが追いかけるため空になり、ピッチャーがカバーに行く場合に暴投が多くなります。ピッチャーの後ろを必ずバックアップしてください。

メニュー088

キャッチャーフライ

人数　グループ

時間　10分程度

ねらい　**キャッチャーフライの捕球練習です。バットと当たった際に特殊な回転がかかるので、野球で一番難しいフライと言われています。**

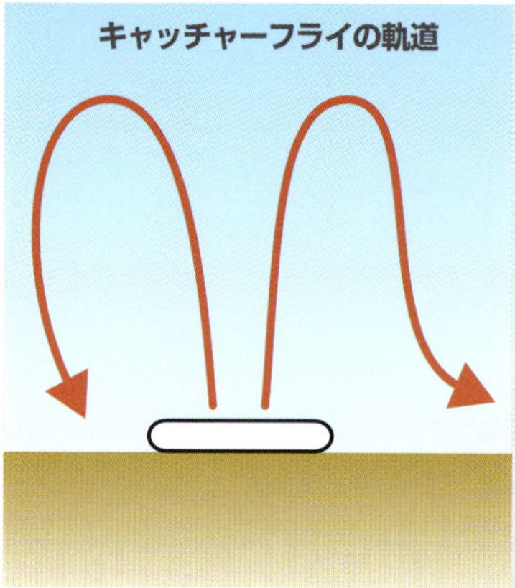

高く上がったフライの性質

【後方のフライ】
ホームプレート方向に戻る傾向がある。

【前方へのフライ】
投手方向に落下してくる。
どちらのフライも、センター方向に背を向けて捕る

やり方

①ピッチャーとキャッチャーが構え、バッターにフライを打ってもらう

②マスクはつまずかないように遠くに投げ、ボールの落下点にすばやく移動する

③フライを迎え入れるように捕る

④上記①～③を一定時間や回数、繰り返す

キャッチャーフライが上がったらマスクを外し、ボールの落下点に逆を向いて構える

指導者MEMO

キャッチャーフライの守備範囲を確認させてください。内野手、特にファーストとサードとは声を掛け合わせてください。中間であれば野手の方がとりやすいので、野手が声をかけて捕りましょう。

ワンポイントアドバイス

難しい原因は、フライの軌道です。素直に飛ばずに、本塁側へ戻ってくる軌道を描きます。ボールの落下位置へ移動して逆向きに構え、戻ってくるボールを迎えて捕ることがコツです。特にバックネット付近は速めの移動重要です。

内野練習編

一人一人の技術はもちろん、
カバーリングや連携のやり方やセオリーも含めた、
内野手の練習法を紹介します。

内野練習編

メニュー089

3人一列でリレーキャッチボール

人数　グループ

時間　5分程度

ねらい　正確さと速さを磨くことがねらいです。キャッチボールの中で養っていきましょう。

3人一列で
キャッチボール

やり方

①3人組で20mずつ離れて構える

②スタートの合図で、3人でキャッチボールをする

③ボールが5往復したグループから座る

④上記②～③を一定時間や回数、繰り返す

指導者MEMO

選手同士で競わせると練習が盛り上がります。真ん中の人を入れ変えたり、メンバーを交代して、いろいろなパターンでやらせてみましょう。プロの練習でも多く取り入れられている有効な練習方法です。

ワンポイントアドバイス

「捕ったらすぐに投げる」を続け、速さを競います。①相手の捕りやすい場所に投げる②動きを正確に続けること、が大切です。腕の振りだけではなく足も使ってキャッチボールをしましょう。

発展練習 Development practice

ボールは顔の前で離す

コントロールを高めるには、軸足に乗り、逆の足を目標に向けて踏み込むことが大切です。さらに意識することは、ボールを顔の前で手離すこと。キャッチボールでは、相手の左胸のグローブの位置をねらいましょう。

NG例

右足が前に行かないステップ

内野手の送球で、右足が左足の後ろにステップするのをよく見かけます。これはサイドスローの投げ方になり、オーバースローができなくなるのでよくありません。目標に向かって右足（軸足）を前にステップし、正しい体重移動をしましょう。

内野練習編

メニュー090 ダブルプレーのベースの入り方

人数 グループ

時間 5分程度

ねらい ダブルプレーで、セカンド、ショートが二塁を踏み一塁に送球するときのステップを覚えます。

二塁手はベースの前へステップするかベースの後ろにステップする

遊撃手はベースの内側を左足で踏むかベースの外側を右足の甲でタッチする

やり方

①内野と一塁走者がそれぞれの場所で構えます。

②セカンド、もしくはショートが捕り、ダブルプレーをとりにいきます

③ベースへのタッチの仕方に注意します

④上記②～③を一定時間や回数、繰り返す

指導者MEMO

セカンドは左足で二塁ベースを踏みます。方法は、①ボールをさばくときはベースの前②ボールを待つときはベースの後ろに下がって、それぞれ送球します。ショートも左足が基本ですが、右足の甲でベースをすりながら一塁に送球します。

ワンポイントアドバイス

セカンドは、ショートとの距離や走者の動きでベースの前か後ろに行くかを決めます。ショートは、二塁手の捕球が一塁と二塁をつなぐ線より前なら二塁ベースの内側を左足で、後ろならベースの外側を右足の甲でタッチします。

メニュー091 ノックからステップ&スローで一塁へ

人数 グループ

時間 5分程度

ねらい 特にサードとショートが、一塁へ送球するときに使います。確実に覚えてください。

打球を捕る

右足、左足とステップし送球する

やり方

①ショートやサードの位置に構える

②ノックを打ってもらい捕球する

③ステップ&スローを意識して一塁へ送球する

④上記②～③を一定時間や回数、繰り返す

指導者MEMO

ステップ&スローの基本は、①捕る②ステップ③スローです。ステップでは、右足の内側のくるぶしを一塁に向けて踏み出し、左足を右足と一塁を結んだ線上に踏み出しボールを投げます。リズムは、①右足②左足③スローの3拍子です。

内野練習編

メニュー092 ランダウンプレーの鉄則

人数　グループ

時間　5分程度

ねらい　ランナーを塁間で挟んだ場合に、確実にアウトにする鉄則です。全ての選手に練習させてください。

ボールを
見せながら走る

やり方

①塁間に走者を挟む

②捕球側が一直線にならないように走者を追う

③タッチし、アウトにする

④上記②～③を一定時間や回数、繰り返す

タッチするグローブのポケットにボールを入れると、
落球しにくい

指導者MEMO　鉄則は、①ボールを持った野手が走者へダッシュする②走者にボールを見せながら走る③距離が近いときは擬投をしないこと。ボールを持ち追いかける野手は、相手の野手がアウトにできるタイミングで声をかけさせ、投げます。

メニュー093 タッチプレー

人数　グループ

時間　5分程度

ねらい　**盗塁やけん制、ランダウンプレーの際に必要なタッチプレーでは、各選手の位置と落球しない捕り方が大切です。**

ベース前で
捕球する

ポケットでボールを握り、
グローブの背でタッチする

やり方

①内野と走者がそれぞれのポジションに着く

②走者が盗塁をする

③タッチプレーで走者にタッチ

④上記②～③を一定時間や回数、繰り返す

指導者MEMO　基本的な動きは、ベースの前で捕球し、ベースをまたいで走者のコースを減らし、グローブの背でタッチです。タッチしたらグローブを上げて、落球を防ぎます。落球しないためには、グローブのポケットで捕ることが理想です。

メニュー094 ショートバウンドの捕り方

人数　グループ

時間　5分程度

ねらい　**ショートバウンドの捕りやすい位置と、グローブのだし方を覚えます。特にファーストに重要な技術です。**

前にでながら、
グローブを立てて捕球する

やり方

①選手は一列に並んで待つ

②ノックでショートバウンドを打つ

③前に出ながら捕球

④上記②～③を一定時間や回数、繰り返す

ワンポイントアドバイス

捕球の場所は、一番高い所かバウンド直後が理想です。バウンド直前でもよいでしょう。グローブを前にだしながら立てて構え、ボールに対して正面を向かせると捕りやすくなります。

指導者MEMO　グローブを寝かせると捕れないので、グローブを立てます。また、少しでも前で捕るために、グローブを体側に引かないように注意してください。慣れてきたら、捕れる範囲がより広くなるので、片手で捕る練習もしてください。

内野練習編

メニュー095 捕球後すぐにベースを踏む

人数　グループ

時間　5分程度

ねらい　ファーストだけでなく、野手全員に意識づけたい技術です。全員が交代交代でファーストを守るのも意識づけのよい練習です。

送球がベースから大きくそれたら、ベースから離れて捕球

捕球後
ベースを踏む

やり方

①一塁手は、野手からの送球を構えて待つ

②グローブをしたほうの足を伸ばして捕球する

③ベースから離れていた場合は踏む

④上記②～③を一定時間や回数、繰り返す

指導者MEMO

鉄則は、確実な捕球と、捕球後すぐにベースへ戻ることです。2つを同時に意識させると、焦りから失敗することが多くなります。優先順位をつけて1つずつ意識させてください。

ワンポイントアドバイス

ベースからボールまでの距離がギリギリの場合や、ボールが左右にそれた場合には、グローブをはめている側の足を伸ばして捕球します。それでも届かない場合には、ベースから離れて捕球し、その後ベースに戻ります。

メニュー096 前進して捕球し、ランニングスロー

人数　グループ

時間　5分程度

ねらい　ダッシュして捕球した後、そのスピードを活かしたまま送球する練習です。主に一塁への送球で使います。

置いてあるボールに
走りこみ、
素手で捕って投げる

やり方

①3mおきにボールを並べます

②走りこみながらボールを素手で捕り、用意しておいたネットに投げていく

③選手を交代して次々投げる

④上記②～③を一定時間や回数、繰り返す

ワンポイントアドバイス

ボールを上に向かって投げると、放物線の軌道を描き、遅い球になってしまいます。これでは実戦で使えません。ノーバウンドで投げるよりも、低くて強く速い球を投げてください。

指導者MEMO

基本はグローブで捕って投げますが、球威が弱い場合やできると判断した場合には、素手で捕ってそのまま一塁に投げます。一刻を争うプレーですが、無理だと判断した場合には、送球しなくてもかまいません。

内野練習編

メニュー097

ライン際の打球をバックハンドで捕る

人数　グループ

時間　5分程度

ねらい　サードと左利きのファーストが、ライン際の打球を捕るときの練習です。バックハンドを使うと、捕れる範囲が広がります。

三塁線は左足からステップ

バックハンドで捕球

やり方

①一塁手、または三塁手がライン沿いに構える

②ライン際の球をノックする

③バックハンドで捕球する

④上記②〜③を一定時間や回数、繰り返す

指導者MEMO

ライン際、特に三塁線は抜けると長打につながります。身体に当ててでも必ず止めることが大事です。打球が左側にきた場合には、常にバックハンドで捕球する意識を持ってください。

ワンポイントアドバイス

捕球のポイントは、グローブの面がボールに対して、開いた状態で正面を向くことです。また、グローブは下からだします。サードが三塁線の打球を追いかける場合、左足から走りだすと、バックハンドで捕りやすくなります。

発展練習 Development practice

強いゴロはアゴで捕る

強いゴロを捕るときに、アゴに目がついているつもりで捕るという意味です。アゴが上がるとボールから目が離れてしまいます。アゴを引き、顔が逃げないようにボールを見ると、目や身体がボールから離れにくくなります。

指導者の知恵袋

低い姿勢の作り方

難しい打球やバウンドほど、低い姿勢で捕球することが大事です。両ヒザを開いてガニ股に構え、ボールを下から見ます。動きだす前に、グローブで地面を触ると低い姿勢が保ちやすくなります。

内野練習編

メニュー098 ポジションごとの守備範囲を知る

人数 チーム

時間 5分程度

ねらい 守備範囲が重なる場所は、お互い声をかけることが重要です。練習で守備範囲を確認しましょう。

声を掛け合いながら
捕球に行く

指導者MEMO

選手間への打球は、どちらが捕るか迷いやすい場所です。選手には「自分が捕る」という積極的な姿勢を持つことを指導してください。ただし、相手が捕る場合は、すぐにフォローに回らせます。

ワンポイントアドバイス

基本的に、自分が捕れる範囲は積極的に捕りにいく姿勢が大切です。ボールに1歩でも早く近づき、処理できるように素早く動きましょう。もし交錯しそうになったら、はっきりと声をかけましょう。

エピソード

長嶋茂雄選手が現役のとき、他の人の守備範囲のボールでも捕りに行きアウトをとっていました。素早い守備と的確な送球で会場を沸かせましたが、自分の守備範囲の打球を捕られた選手の心境は複雑だったようです。

外野練習編

外野手のミスは、即得点になることが多々あります。
ここでは技術の強化だけでなく、
他のプレーヤーとの連携も含めた練習法を紹介します。

外野練習編

メニュー099 距離を決めて、タイムを測りながら遠投

人数　ペア

時間　3分程度

ねらい　肩の強化と、送球の速さを習得します。遠くに投げるだけでなくコントロールにも気をつけます。

相手との距離は70m。
横に並び、一斉におこなう

正しいフォームで
投げる

やり方

①2人1組で70m間隔に立つ。

②「ヨーイドン」で相手に投げ始める

③3往復投げ終わったチームからその場に座る

④最初に座れたチームが勝ち

指導者MEMO

肩に負担がかからないように、選手のフォームをチェックしてください。また選手には、ボールが正しく回転しているかをお互いにチェックさせてください。縦にまっすぐ回転していることが大切です。

ワンポイントアドバイス

タイムを求めすぎるとあわててしまい、正確な送球ができなくなります。あくまでも正しい投げ方で行ない、タイムを測りましょう。2人1組でタイムを競わせると、全体が盛り上がります。

指導者の知恵袋　外野からの返球のコツ

ゴロやフライなどを捕り、外野から早く返球したい場合、ステップとスローのタイミングを合わせることがコツです。

①ゴロの場合

打球に向かって走り右足を前に出しながら捕球し、左足をステップして右足を目標方向に踏み出し、右足と目標上に左足を踏み出します。タイミングが合わない場合は、最初の左足のステップのときに少しジャンプします。

②フライの場合

1、2歩前に出ながら左足を前にしながら右足で捕球し、左足を目標に向かって踏み出して送球します。捕球時に足がそろわないように注意しましょう。

メニュー100 トスしたボールをダッシュして捕る

人数 グループ

時間 5分程度

ねらい 正確にボールを捕る練習です。
捕れるか捕れないかのボールをダイビングキャッチで捕りましょう。

選手は
ダッシュする

ボールを
キャッチする

やり方

①選手は一列に並んで順番を待つ

②コーチの前に横から走りこみ、トスされたボールをキャッチする

③順々に交代する

④上記②〜③を繰り返す

指導者MEMO 指導者は選手の力量を考えてトスを出しましょう。運動能力の高い選手には厳しい球を、苦手な選手にはしっかりキャッチできる球をトスします。選手と声を掛け合い、あきらめずに最後まで捕らせましょう。

ワンポイントアドバイス

身体から離れたボールを捕るには、シングルハンドでキャッチします。腕を伸ばしてグローブを出し、捕球後は落とさないようにしっかりボールを握ります。全身で飛びつきましょう。

メニュー101 トスしたボールをダッシュして、ワンバウンドで捕る

人数 グループ

時間 5分程度

ねらい ワンバウンドの球を走りこんで捕る練習です。
走りこむときにバウンドをよく見ることが大切です。

ボールをワンバウンドで
キャッチする

やり方

①選手は一列に並んで順番を待つ

②コーチの前に横から走りこみ、トスされたボールをワンバウンドでキャッチする

③順々に交代する

④上記②〜③を繰り返す

指導者MEMO トスの仕方で選手のレベルがグンと上がります。走りこんでくる選手がギリギリ捕れる場所を見極めて、ワンバウンドで落としましょう。選手の力量やタイプを考慮して、選手に合わせたトスをしてください。

外野練習編

メニュー102 ダッシュしてフライを捕る

人数　グループ

時間　3分程度

ねらい　フライを確実に捕る練習です。
止まって捕るのではなく、走りこみながら捕れるように練習します。

選手はダッシュする

フライをキャッチする

やり方

①選手は一列に並んで順番を待つ

②横方向へ走り、走りこみながらフライをキャッチする

③順々に交代する

④上記②～③を繰り返す

指導者MEMO

フライはギリギリ捕れる場所をねらって投げます。選手は、それ以上遠いとあきらめ、近すぎると楽に捕れてしまいます。指導者が選手にあった的確な場所に投げることが大切です。

ワンポイントアドバイス

ボールを追いかけるときに、視線がぶれないようにダッシュすることが大切です。

メニュー103 ダッシュから振り返ってフライを捕る

人数　グループ

時間　3分程度

ねらい　後方にあがったフライを捕る練習です。
ボールが飛ぶ場所を予測できるように練習をします。

振り返ってフライをキャッチする

やり方

①選手は一列に並んで順番を待つ

②選手が振り返る場所にパイロンを置いておく

③後方へ向かって走り、パイロンを過ぎたら振り返る。

④フライをキャッチする

⑤順々に交代する

⑥上記③～⑤を繰り返す

指導者MEMO

選手が後方に走り、振り返るタイミングでちょうどフライがあがっているように投げます。指導者は、このポイントにフライを上げる練習をしてください。

外野練習編

メニュー104 投げる側の足を前にして、ゴロの捕球

人数　グループ

時間　3分程度

ねらい　ゴロを後ろにそらさないように捕球する練習です。
人工芝以外のグラウンドでは必須の捕り方です。

構える

左足を引き、
身体の正面でゴロを捕る

やり方

①選手は一列に並んで順番を待つ
②ゴロを転がしてもらう
③左足を引いてゴロを捕る
④順々に交代する
⑤上記②～④を繰り返す

指導者MEMO

人工芝でイレギュラーのバウンドがないグラウンドでは、反対の足をだして捕球しても問題ありませんが、土のグラウンドなどイレギュラーのある場所では、左足を引きボールを身体の中に入れて捕球させましょう。

ワンポイントアドバイス

外野の守備でボールを後ろに逸らせてしまうと、失点の確率が高くなります。そのために身体の中にグラブを構え、ボールを逸らせてしまっても身体で止められるように構えましょう。

メニュー105 ダッシュしてゴロを捕る

人数　グループ

時間　3分程度

ねらい　急いでゴロを捕り投げる練習です。
ボールの正面に回り込む余裕がない場合に使います。

シングルキャッチをして
送球する

やり方

①選手は一列に並んで順番を待つ
②ゴロを転がしてもらう
③ダッシュしてシングルハンドでゴロを捕り送球する
④順々に交代する
⑤上記②～④を繰り返す

指導者MEMO

ダッシュしながら捕球する場合、走りこむ方向にボールがあるため、ボールに対して正面を向き、おへその前でシングルキャッチします。一瞬でも早く投げてアウトを取るようにしましょう。

外野練習編

メニュー106 アメリカンノック

人数 グループ

時間 10分程度

ねらい 外野フライをノック形式でキャッチする練習です。常に走りながら捕球するので体力強化にもなります。

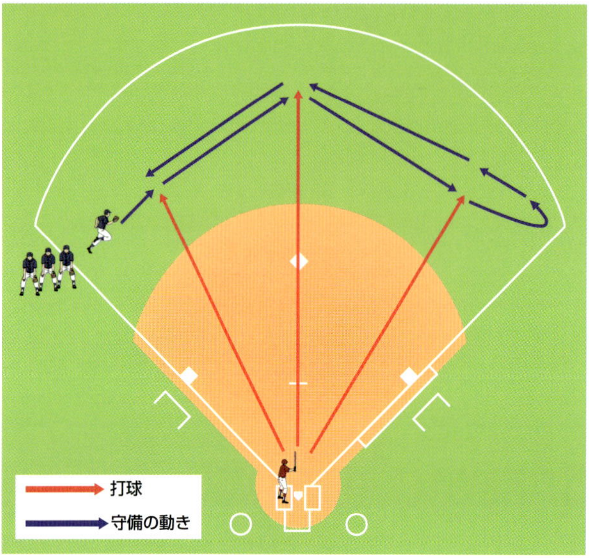

ダッシュでボールを追いかけて捕球し、返球。その後、次の地点へダッシュする

やり方

①選手はライン際に並ぶ

②指導者は、選手の動きに合わせて、レフト、センター、ライトの定位置へ向かってノックをする。

③選手はダッシュしてレフトへの打球を捕る。返球後、すぐにセンターへ走る。捕球し返球後、ライトへ走る。

④5往復程度、ノックを続ける

⑤次の選手へ交代する

⑥上記②～⑤を繰り返す

指導者MEMO

ねらった場所にフライをあげられるように練習してください。選手の能力に合わせて、フライをあげるタイミングを変えましょう。「10回連続でキャッチできたら終わり」などルールを作ると選手も集中し、練習も盛り上がります。

ワンポイントアドバイス

走りながら捕球場所に移動し、捕球後返球し、またすぐ次の捕球場所に走ります。とにかくフットワークを止めずにフライをキャッチしていきます。ボールから目を離さないように動きます。

指導者の知恵袋 太陽が目に入ってしまったときのフライの捕り方

基本的にはグローブで太陽の光を遮ることが第一です。守備についたときに、どの方向に太陽があってどのような軌道だと重なってしまうかを予想しておきましょう。グローブで光を遮り、グローブの横や下からボールを追いかけてキャッチします。最近ではサングラスをかける外野手もふえてきました。これで遮るのも有効です。

メニュー107

クッションボールの処理のしかた

人数　グループ

時間　5分程度

ねらい　球場によって異なるフェンスにも対応できるように、跳ね返ってきた球をすばやく処理する練習です。

壁に向かって構える

クッションボールの方向に前進してキャッチする

やり方

①外野手は壁に向かって構える

②ボールが壁に当たり、跳ね返った方向に移動する

③ボールを捕って返球する

④順々に交代する

⑤上記②～④を繰り返す

指導者MEMO

フェンスは球場によって形が違うので、グラウンドに着いたらクッションボールの練習をしておくのがベストです。しかし時間がない場合も多いので、普段から多様なクッションボールの練習をさせておいてください。

ワンポイントアドバイス

壁に近づきすぎないことが鉄則です。壁に当たって跳ね返る方向を確認してから、その方向に動きましょう。クッションボールがまた壁に当たり、方向を変える場合があるので、判断を早まらないでください。

指導者の知恵袋　後方へのフライは1歩目が大切

外野手で一番難しいのは後方へのフライといわれています。最短でボールを追いかけるには1歩目のステップが大切です。

①真後ろへは、自分の効き足を思いっきり引き、逆の足をクロスステップで後ろに走り出します。

②右後方へは、右足を引き、左足をクロスステップします。

③左後方へは、左足を引き、右足をクロスステップします。

2人が向かい合い、3方向への合図を決めて、合図と同時にその方向へステップを踏める練習をしておきましょう。

外野練習編

メニュー108 ポジションごとの守備範囲を知る

人数 グループ

時間 3分程度

ねらい 外野フライをどちらが捕るかといった守備範囲の確認をします。捕らない選手もカバーにまわります。

守備範囲を確認する

指導者MEMO

声をかけることが鉄則ですが、ボールを追いかけているときは聞きづらい場合もあります。選手同士ができるだけハッキリと指示を出せるように練習が必要です。また、捕らなくなった選手は、すぐカバーに回りましょう。

ワンポイントアドバイス

レフトもしくはライトがセンターと守備が重なってしまった場合は、センターが捕ります。ただし、捕球後に送球しやすい側が捕る場合もあります。お互いが声を掛け合い、お見合いやぶつかり合いを避けましょう。

指導者の知恵袋 日本とアメリカのOKの違い

アメリカでは、OKと声をかけると「相手が大丈夫」という意味になります。自分が捕る場合「I'll get it」と表現し、日本のように自分が捕るOKという表現とは逆になってしまいます。もしアメリカでプレーするときには気をつけてくださいね。

攻撃フォーメーション編

確実に走者を進塁させる、確実に得点を得る、
そのためのセオリーとテクニックを紹介します。

攻撃フォーメーション編

メニュー109 攻撃戦術の重要さ

人数 チーム

時間 10分程度

ねらい 強いチームを作り上げるには、攻撃戦術が必須です。極端な話、ノーヒットでも戦術だけで得点ができます。

送りバント

スクイズバント

ヒットエンドラン

ダブルスチール

やり方

①指導者は事前に攻撃戦略を理解し、どの状況で使うかを考えておく

②サインを決め、全体でどう動くかを確認する

③フォーメーション練習を繰り返し行なう

④上記②〜③を繰り返す

指導者MEMO

指導者は常に戦術を考えておく必要があります。個々の打力だけに頼ると、よくても3割程度の出塁率です。得点の確率はさらに低くなります。ところが、バント、盗塁、ヒットエンドラン、スクイズなどの機動力も使うと、出塁率や得点率が6割にも7割にもなるのです。

ワンポイントアドバイス

指導者が攻撃戦術を使うには、イニング、アウトカウント、スコアの状況を考慮し、使うべきタイミングに自信を持って行なうことが大切です。監督の度胸と事前の練習量が成功の鍵を握ります。

メニュー110 送りバントの鉄則

人数 グループ

時間 10分程度

ねらい **送りバントを成功させるためには、確実に転がすことが鉄則です。フライにならないように当てます。**

ランナーを確実に
次の塁へ送ることが目的

やり方

①内野は守備につき、ランナーも準備する

②ピッチャーが投球したら、送りバントをする

③ランナーが確実に送れるようにする

④バッターを交代して練習する

指導者MEMO

犠牲バントといわれるように、確実に転がしてランナーを送ります。90%以上成功させることが大切です。ノーストライク、またはワンストライクのカウントでストライクだけをねらわせてください。

ワンポイントアドバイス

ランナーはシャッフル後、地面にボールが落ちてから走り出しましょう。バッターはツーストライクの場合、ファールラインはねらわずに気持ちライン内側へ転がすようにします。

攻撃フォーメーション編

メニュー 111

走者を二塁に進める送りバント

人数 グループ

時間 3分程度

ねらい

一塁ランナーを二塁に送ります。
セーフになりやすいバントのコースを確認しましょう。

ランナーを二塁に進める
バントのコース

やり方

①内野は守備につき、ランナーも一塁に立つ

②ピッチャーが投球したら、送りバントをする

③ランナーを確実に送れるようにコースをねらう

④バッターを交代して練習する

指導者MEMO

ツーストライクまで追い込まれたら、ヒットエンドランのサインを出すのも効果的です。バントの構えで相手が前進守備の場合、成功しやすくなります。ただし、事前に何度も練習をして動きを理解させておいてください。

ワンポイントアドバイス

ファーストは、ファーストランナーのけん制に対処するため、前進守備がとれません。サードは必ず前進守備をとるので早い捕球ができ、アウトの確率が上がり危険です。バントは必ず一塁側をねらいましょう。

メニュー112 走者を三塁に進める送りバント

人数 グループ

時間 3分程度

ねらい
二塁ランナーを三塁に送ります。
この場合のバントのコースを確認しましょう。

ランナーを三塁に進める
バントのコース

やり方

①内野は守備につき、ランナーは二塁に立つ

②ピッチャーが投球したら、送りバントをする

③ランナーを確実に送れるように三塁線をねらう

④バッターを交代して練習する

指導者MEMO

送りバントは、相手の裏をかくと成功率が上がります。強バッターの場合、打ってくるだろうと考えて前進守備をとりません。よって送りバントは成功しやすくなります。確実に送ることの大切さを選手に説明しておきましょう。

ワンポイントアドバイス

ランナーは二塁にいるため、ファーストは前進守備が可能です。一方、サードは二塁ランナーのベースカバーに入るため、大きな前進ができません。三塁側をねらってバントをしましょう。

メニュー113 スクイズバントの鉄則

人数 グループ

時間 3分程度

ねらい **三塁ランナーをホームに帰すためのバントを成功させる鉄則を学びます。指導者の力量が左右します。**

指導者はサインをだす。
サインを確認した選手は投球後、バントの構えに移る。

やり方

①内野は守備につき、ランナーは三塁に立つ

②ピッチャーが投球したら、スクイズバントをする

③三塁ランナーは走り出し、バッターは必ずバントする

④バッターを交代して練習する

指導者MEMO

成功には、第一に指導者の度胸が問われます。失敗すれば得点につながる三塁ランナーを殺すばかりでなく、ゲッツーになり攻撃の機会を一気につぶすことを理解し、事前に練習を重ね、成功確率100%を目指しましょう。

ワンポイントアドバイス

スクイズバントのサインが出たら三塁ランナーは必ず走り出すので、バッターはどんな球でも必ずバントをします。バットを投げてでも当てることが大切です。

メニュー114

スクイズバントをきめる

人数　グループ

時間　3分程度

ねらい　スクイズバントを決めるためのコツやタイミングを練習します。

スクイズを悟られないように、ヒッティングと同じように構える

どんなコースでも確実にバットに当てる

やり方

①バッターボックスで構える

②ピッチャーは投げる

③ボックス内に足を残し、どんな球でもバントする

④バッターを交代して練習する

指導者MEMO

直接点数につながる攻撃だけに必ず成功させてください。そのためには練習の積み重ねが重要です。強バッターも練習させてください。成功の確率が上がります。ただし選手が気を悪くしないよう事前の話し合いを大切にしてください。

ワンポイントアドバイス

バッターはスクイズを気づかれないように普通に構えます。ピッチャーの足が着地した瞬間にバッターはスクイズの構えをして、同時にランナーは走ります。空振りやフライは絶対厳禁です。

指導者の知恵袋　スクイズの意味

スクイズは、日本語で「しぼる」を意味します。「ランナーを三塁から何とかしてしぼり出す」ための戦略をスクイズと表現しています。何としてでも点がほしいという感覚が伝わってきますね。

NG例　ボール球を見送る

スクイズの鉄則は、どんなボール球でもバットに当てることです。バットに当たりさえすれば、100%に近い確率で得点になります。逆にバットに当たらなければ、100%に近い確率でアウトになります。

攻撃フォーメーション編

メニュー115 ヒットエンドランの鉄則

人数 グループ

時間 3分程度

ねらい **バントではなくバットを振って強いゴロを転がし、ランナーを進めチャンスを広げる戦術を練習します。**

ランナーは、投球モーションに入ると同時にスタート。
バッターは、センター以外の方向に転がす

やり方

①バッターボックスで構える

②バッターに投げてもらう

③ピッチャー方向以外に強いゴロを打つ

④バッターを交代して練習する

指導者MEMO

センターラインをさけて、強いゴロを転がすことが鉄則です。ピッチャーに捕られてゲッツーにならないよう指導してください。また、確実にゴロを転がすために、振りを小さくさせます。

ワンポイントアドバイス

送球がベルトより高い場合はダウンスイングを、低い場合はコンパクトなスイングを心がけ、強いゴロを打ち返します。ピッチャーが投げた瞬間にランナーは走っているので、どんな球でも打ちます。

メニュー116 走者を二塁に進めるヒットエンドラン

人数　グループ

時間　3分程度

ねらい
走者を確実に二塁に進めることが目的です。
確実にセンター方向以外にゴロを打つ練習をします。

センター以外の方向に、確実にゴロを打つ

ランナーは投球と同時に全力でスタートする

やり方

①バッターと一塁ランナーはそれぞれの場所で構える

②バッターに投げてもらう

③ピッチャー方向以外にゴロを打つ

④バッターを交代して練習する

指導者MEMO

バントが苦手な選手にこの戦術を使いましょう。バントが上手な選手には、バントを使わせる方が確実です。「ランナーを二塁に進める」という同じ目的でも、選手の得意不得意に合わせた戦術を選びましょう。

ワンポイントアドバイス

強くなくてよいので、確実にゴロを転がしましょう。バットを短く持つとスイングがコンパクトになり、ゴロを打ちやすくなります。一塁ランナーは必ず、ピッチャーが投げる瞬間にスタートを切ります。

発展練習 Development practice

スタートする塁を増やす、変える

一塁のケースだけでなく、一、二塁や二塁、満塁など、ランナーのスタート位置を変えます。すると、バッターは打つ方向を考えるようになり、ピッチャーは各塁へのけん制も練習できます。

指導者の知恵袋

積極的に使う

何度も書いていますが、個々の打力に頼った野球では、なかなか得点に結びつきません。走攻守と言われるように、「走」の要素を、もっともっと引きだす采配をすることを、おすすめします。

攻撃フォーメーション編

メニュー117 ランエンドヒット

人数 グループ

時間 3分程度

ねらい **ボールカウントが先行している場合に有効な戦術です。ストライクだけにしぼって打ちにいきます。**

ランナーは盗塁と同じようにスタートを切る

バッターはしっかり選球し、ストライクなら打つ

やり方

①バッターとランナーはそれぞれの場所で構える

②ボールカウントが先行している状態としてストライクを投げてもらう

③ピッチャーが投げた瞬間にランナーはスタートをきる

④バッターはストライクをねらって打つ

指導者MEMO

例えば、ボールカウント3で、次の配球がストライクとよんだ場合に使います。バッターは、ストライクだけを打ちます。ボールならフォアボールでランナーは進塁できるという、有効的な戦術です。

ワンポイントアドバイス

ランナーは盗塁と同じタイミングでスタートし、バッターはストライクのみ、打ちにいきます。ボールカウントが先行している場合には、安易にストライクを取る球がきやすく、ねらい目です。指導者のサインを必ず確認します。

指導者の知恵袋 サインは必ず守る

バッターやランナーの判断で、よい結果がでることがあります。ですが基本的にはサインは絶対の姿勢が望ましいでしょう。メジャーの世界は、多国籍の選手が集まります。そのため、細かい意思統一などがしにくく、サインの徹底が浸透しています。

NG例 考えないバッター

ストライクなら打つ、ボールなら打たない、だけではよいバッターとはいえません。プロの世界では、これだけを考えてはいません。相手の守備位置、個々の守備能力や動ける範囲、ランナーの能力まで考慮して、打つ方向や打球の強さを調節しています。

メニュー118 走者を助けるバッターの心得

人数 グループ

時間 3分程度

ねらい 走者がキャッチャーからの送球でアウトにならないために、バッターがすべきことを確認します。

盗塁のサインを確認する

バッターはわざと空振りする

やり方

①内野は守備につきランナーを一塁に置く

②ランナーが盗塁をねらいスタートをきる

③バッターは空振りをしてキャッチャーの送球を遅らせる

④バッターは順々に交代する

⑤上記②～④を繰り返す

指導者MEMO

ランナーに盗塁のサインをだしたら、チーム全体で盗塁の成功に努めます。特にバッターには、キャッチャーが送球しにくくするために空振りをさせます。よい球がきたからといって、安易に打ちにいかないようにさせます。

ワンポイントアドバイス

キャッチャーが投げやすいシチュエーションを作らないことが大切です。そのためには空振りが最適です。ただし、ショートバウンドはキャッチャーが捕りにくいので、空振りの必要はありません。

発展練習 Development practice

キャッチャーの送球練習

バッターの空振りが上手くなるほど、キャッチャーの送球を遅らせることができます。逆にキャッチャーは、そのような状況でも素早く送球する練習ができます。キャッチャーが送球してプレーを区切るとよいでしょう。

NG例

露骨な空振りはダメ

以前は、大げさな空振りをする選手もいました。ですが最近は、露骨な演技は守備妨害を取られることもあります。サジ加減が難しいのですが、あまり演技力のない選手には、このプレーは向いていないかもしれません。

メニュー119 バントの構えで走塁を助ける

人数 グループ

時間 3分程度

ねらい 走塁を成功させるために、
バッターがバントの構えをしてランナーを走りやすくする状況を作ります。

バントの
構えををする

キャッチャーがプレーの
善し悪しを判断するとよい

やり方

①内野は守備につきランナーを一塁に置く

②ランナーが盗塁をねらいスタートをきる

③バッターはバントの構えをしてキャッチャーのけん制を遅らせる

④バッターは順々に交代する

⑤上記②～④を繰り返す

指導者MEMO

盗塁をねらうときに、バッターにバントの構えをとらせて、キャッチャーにけん制球を投げにくくさせます。この作戦はノーアウトで使います。指導者はタイミングを見計らい、走塁とバントの構えの指示を出しましょう。

ワンポイントアドバイス

バットで投球の軌道をギリギリまで隠すように構えます。また、バントに警戒してファーストが前進するため、ランナーがスタートしやすくなります。

発展練習 Development practice
ランナーの位置や目的を変える

同じシチュエーションで、送りバントをしたり、ランナーを三塁に置いてスクイズをしたりします。全ての合図をサインにすると、サインを覚えたり、考えてバントするようになってきます。

指導者の知恵袋
相手の守備力と連携力を見極める

試合開始後、1、2回は相手の連携力を見るとよいでしょう。ベースカバーに入れているか、つっ立っている選手や判断が遅い選手は誰かなどが見るポイントです。相手の連携力が低いほど、この戦術が成功しやすくなります。

メニュー 120 ダブルスチールをねらう

人数 グループ

時間 3分程度

ねらい **走者一、二塁の場合、両者が同時に盗塁をねらい、相手の動揺を誘うことで成功を目指します。**

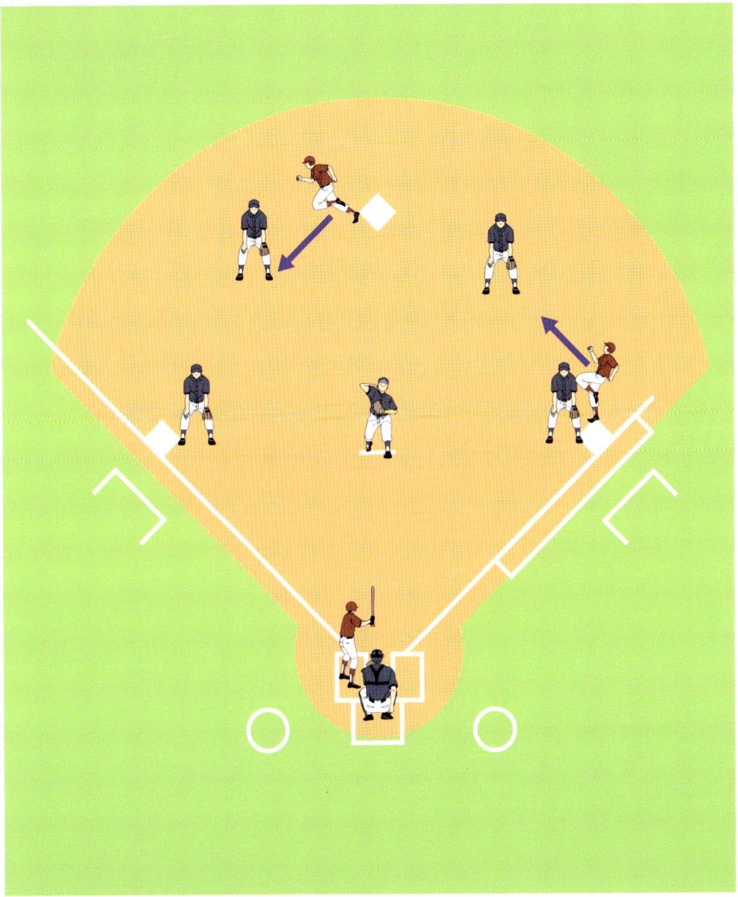

ランナーは、できるだけ同時にスタートする。
バッターは状況を見て、空振りする。

やり方

①内野は守備につきランナーを一、二塁に置く

②ランナーが盗塁をねらい、2人同時にスタートをきる

③バッターは空振りをしてキャッチャーのけん制を遅らせる

④バッターは順々に交代する

⑤上記②～④を繰り返す

指導者MEMO

ダブルスチールをねらうには、1アウトまでに行ないます。また、三塁への盗塁を100%成功させることが重要です。そのため、三塁に投げにくい左ピッチャーやキャッチャーの肩が弱い場合はチャンスです。

ワンポイントアドバイス

指導者のサインを確認し、相手チームに見破られないように同時に走るようにします。

メニュー121 カウント別バッティング

人数 1人
時間 3分程度

ねらい カウント別に打率は変化します。
一番打率の高いカウントで打てるよう意識してねらうことが大切です。

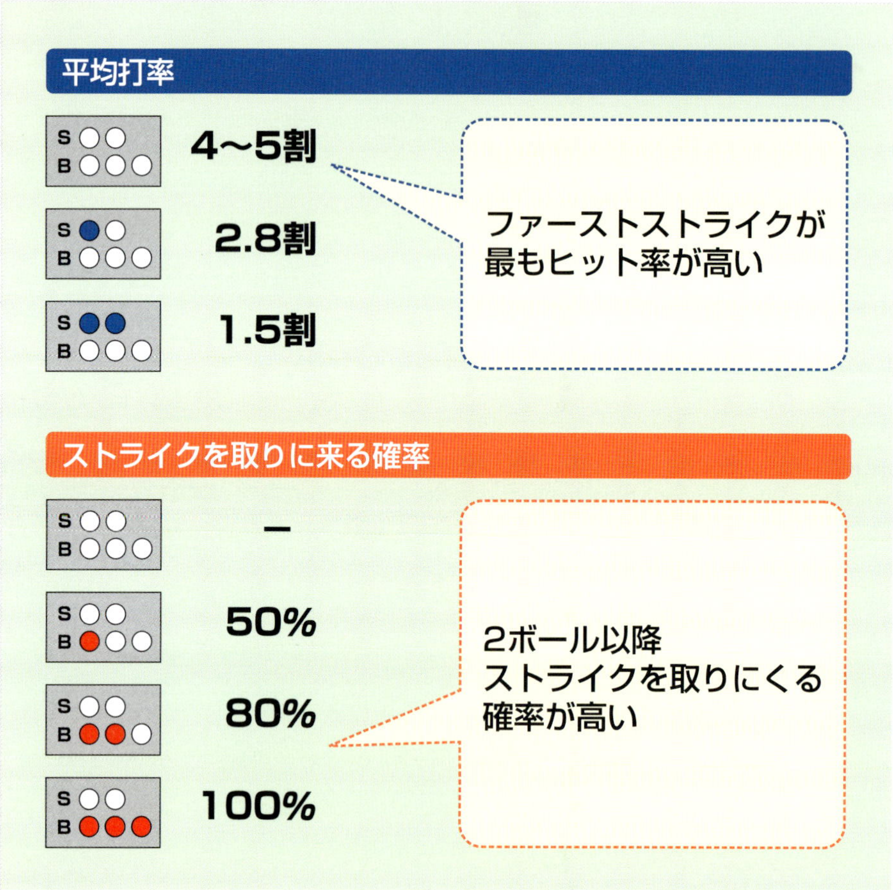

カウント別
打率一覧表

指導者MEMO

カウントは全部で12通り。打率も表のように変わります。この打率に戦術をからめ、攻撃を展開していきましょう。また、カウントが1-3や2-3ではランエンドヒットなど、鉄則を必ず頭に入れておきましょう。

ワンポイントアドバイス

打率が最も高いのはノーストライクの時です。真ん中に来る率が上がります。カウントが0－3の時、指導者によって打たせる場合と待たせる場合があるので、指示を良く確認してください。

守備フォーメーション編

進塁をさせない、得点を与えない、
そのためのセオリーとテクニックを紹介します。

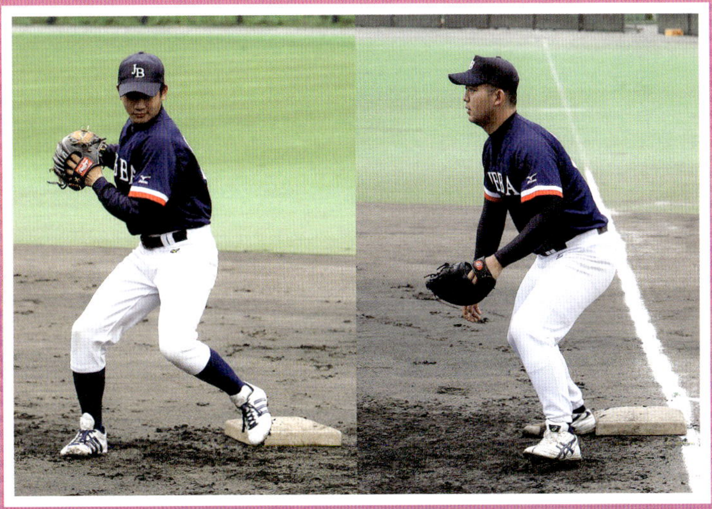

守備フォーメーション編

メニュー 122

各ポジションの守備範囲を確認する

人数 チーム

時間 3分程度

ねらい

守備ではランナーの進塁を防ぐことが重要です。
チーム9人全員で守備フォーメーションを練習し、塁を踏ませないようにしましょう。

各ポジションの守備範囲を、
図で伝えておく

指導者MEMO

守備で大事なのは、守備に入る人と、その後ろでフォローするトレーラーの役割がしっかりできていること。そして、各塁へカバーに入る人とバックアップに入る人が役割を把握していることです。相手に任せきるのではなく、助け合いながら守備をするよう指示してください。

ワンポイントアドバイス

守備フォーメーションはすべて連携プレーです。一人一人がどの状況でどう動くかを理解していなければ成り立ちません。シチュエーション別に何度も練習をしてください。また、プレー中は選手同士が積極的に声を掛け合い、動きを確認していきましょう。

メニュー123 カットプレーの基本を覚える

人数 チーム

時間 3分程度

ねらい **カットプレーが必要なときもあれば、カットが入らないほうがよいときもあります。基本を押さえましょう。**

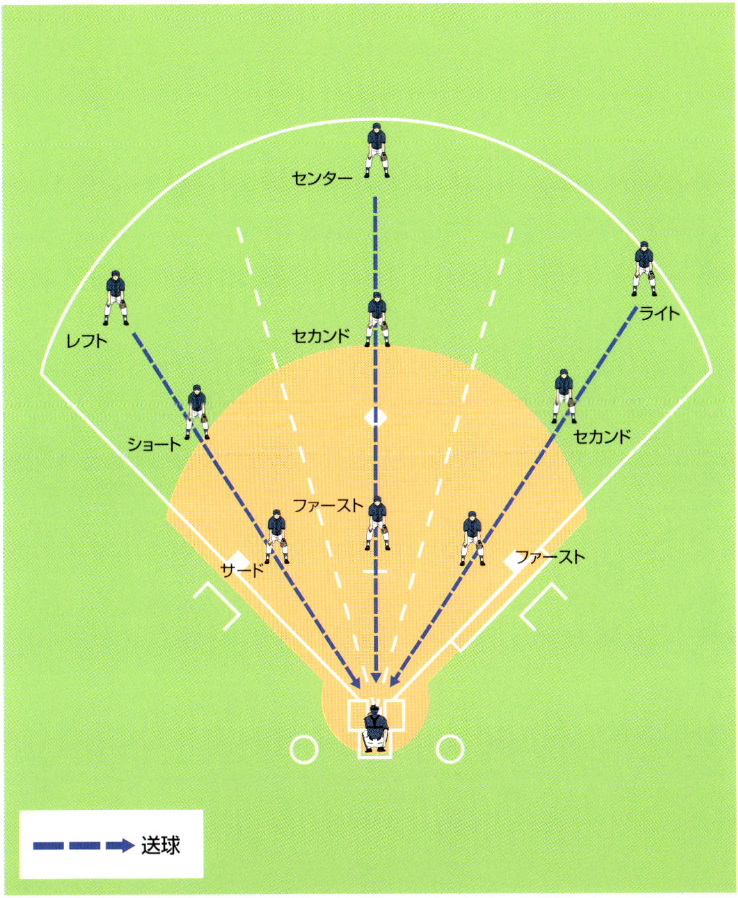

返球がそれた場合に備えて、内野はカットマンに入る。状況に合わせてカットする

やり方

①各守備のポジションに入る

②外野からホームへ返球する

③内野はカットプレーが必要な場合はカットする

④上記②～③を繰り返す

指導者MEMO

三塁ランナーはホームまで約3.5秒で走ります。ライトからの返球では、ファーストでカットしてからホームへ投げるまでに約2秒もかかるので、例え返球がゴロでもカットしないほうが早くなります。返球が大きくそれた場合のみカットプレーを使いましょう。

ワンポイントアドバイス

基本的にはカットマンの数を少なくすることが早い返球につながります。特に人工芝の場合は、ゴロでもイレギュラーが少なく、はやく転がりやすいので、カットプレーに入らないのが鉄則です。

守備フォーメーション編

メニュー124 走者なし、左中間への長打

人数　チーム

時間　10分程度

ねらい　走者がいない場合の左中間への長打を処理するフォーメーションです。二塁もしくは三塁への進塁を防ぎます。（ここでは三塁への進塁阻止）

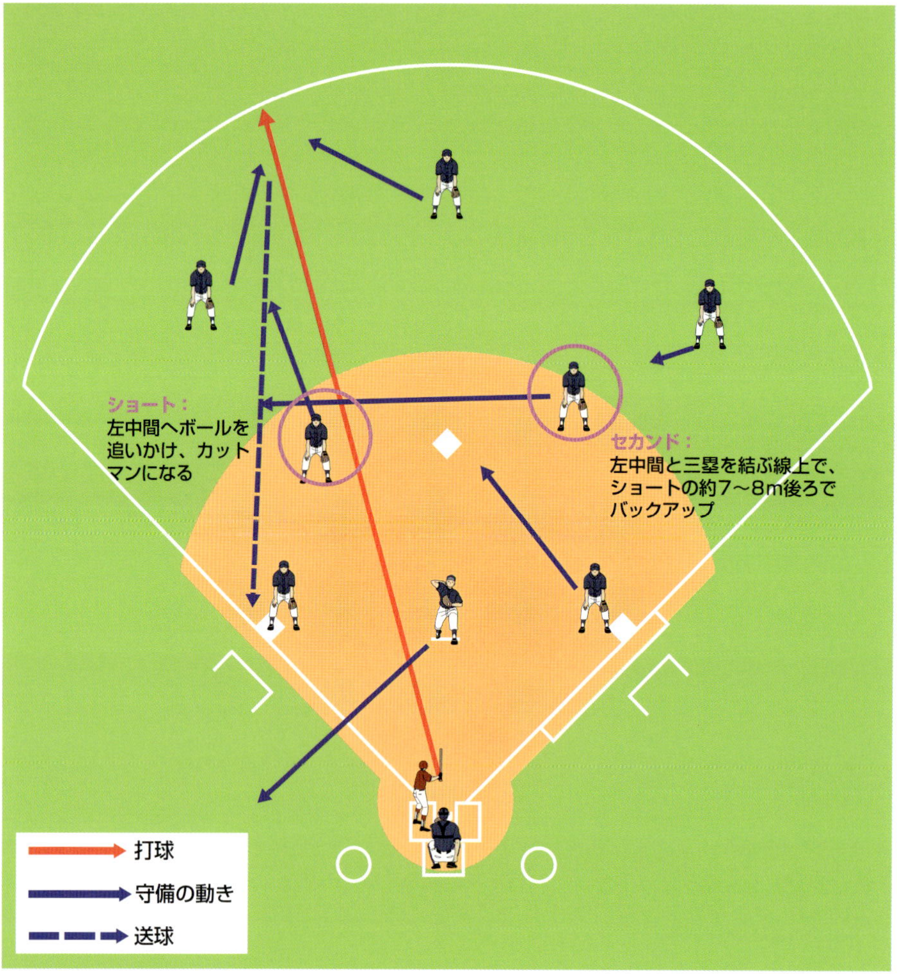
ショート：
左中間へボールを追いかけ、カットマンになる
セカンド：
左中間と三塁を結ぶ線上で、ショートの約7～8m後ろでバックアップ
打球
守備の動き
送球

その他の守備

①ピッチャー　：三塁と本塁の中間点へ走り、続いて返球先の塁をバックアップ
②キャッチャー：本塁を守る
③ファースト　：二塁のベースカバー
⑤サード　：三塁ベースの左側に立ち、ベースカバー
⑦レフト　：打球を追いかける
⑧センター　：レフトのバックアップ
⑨ライト　：セカンド辺りで守備

メニュー 125

走者なし、レフト前ヒット

人数　チーム

時間　10分程度

ねらい　走者がなしでレフト前へヒットを打たれた場合の守備です。二塁への進塁を防ぎます。

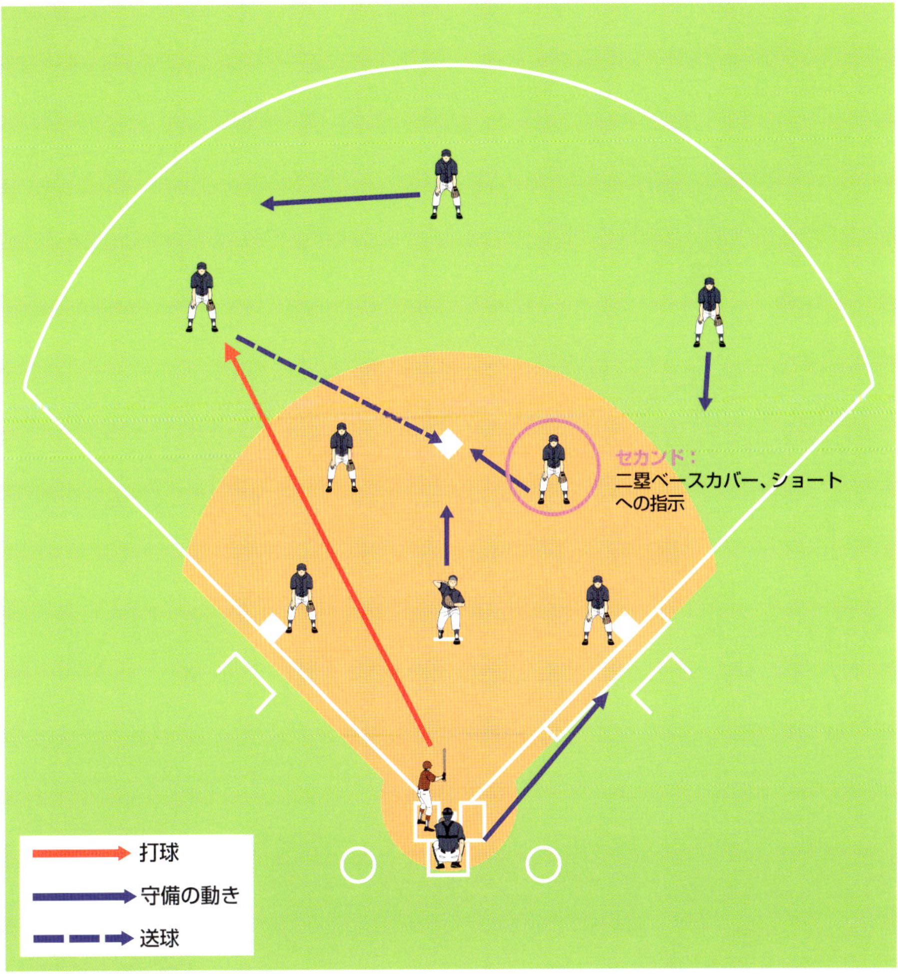

その他の守備

①ピッチャー　：悪送球に備える
②キャッチャー：一塁バックアップ
③ファースト　：一塁ベースカバー
⑤サード　：定位置付近
⑥ショート　：打球を追いかける
⑦レフト　：打球を追いかける
⑧センター　：レフトのバックアップ
⑨ライト　：二塁送球に備えてバックアップ

守備フォーメーション編

メニュー126 走者なし、レフト線への長打

人数　チーム

時間　10分程度

ねらい　走者がなしでレフト線へ長打を打たれた場合の守備です。三塁への進塁を防ぎます。

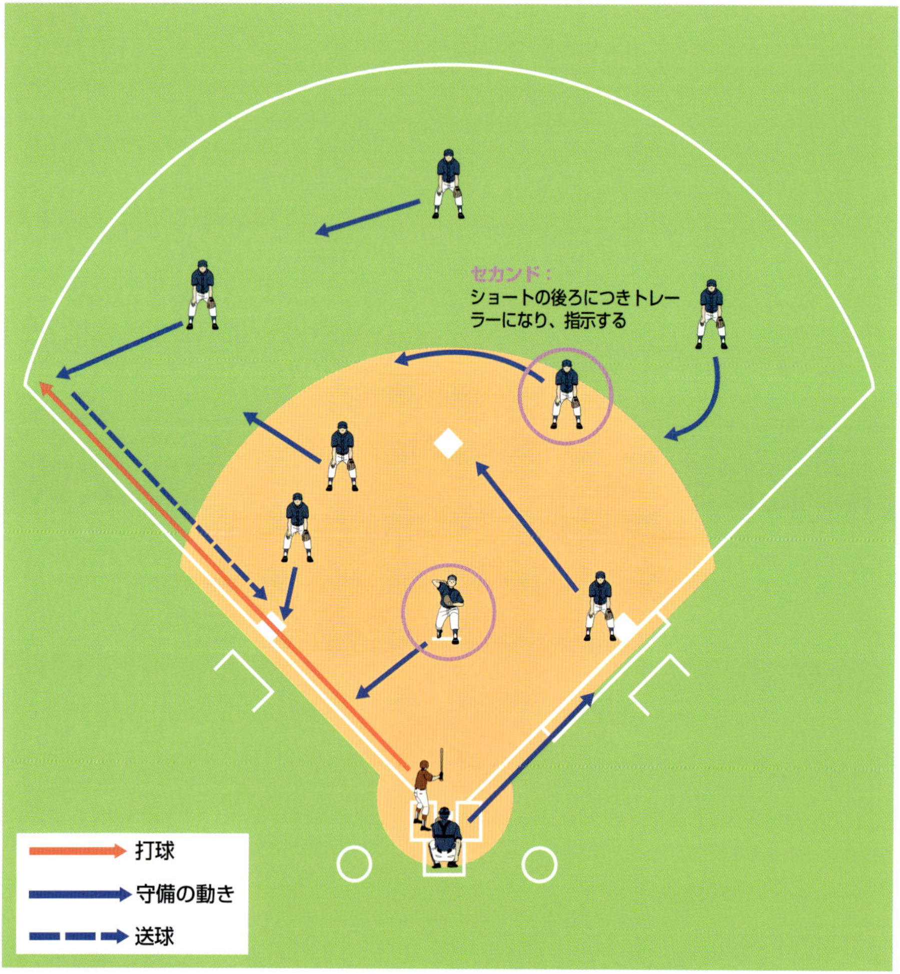
セカンド：
ショートの後ろにつきトレーラーになり、指示する
打球
守備の動き
送球

その他の守備

①ピッチャー　：サードのバックアップ
②キャッチャー：一塁バックアップ
③ファースト　：二塁ベースカバー
⑤サード　：三塁ベースカバー
⑥ショート　：ボールを追う
⑦レフト　：ボールを追う
⑧センター　：レフトのバックアップ
⑨ライト　：セカンドのバックアップ

メニュー127 走者一塁、レフト前ヒット

人数　チーム

時間　10分程度

ねらい　走者が一塁で、レフトの前にヒットを打たれた場合の守備です。本塁への進塁を防ぎます。

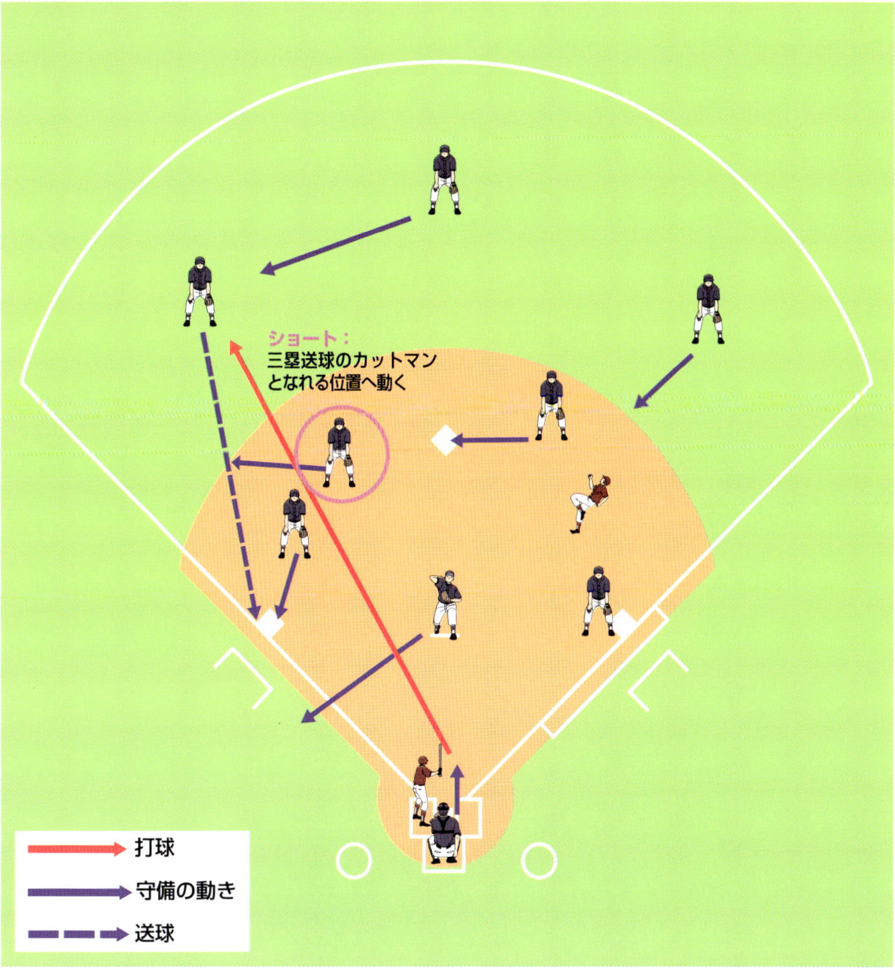

ショート：
三塁送球のカットマン
となれる位置へ動く
打球
守備の動き
送球

全体の守備

①ピッチャー　：三塁バックアップ
②キャッチャー：本塁を守る
③ファースト　：一塁ベースカバー
④セカンド　：二塁ベースカバー
⑤サード　：三塁ベースカバー
⑦レフト　：打球処理
⑧センター　：レフトのバックアップ
⑨ライト　：セカンドのバックアップ

メニュー 128

走者一塁、左中間への長打

人数 チーム

時間 10分程度

ねらい

走者が一塁で、左中間へ深く打たれた場合の守備です。三塁や本塁への進塁を防ぎます。（ここでは三塁）

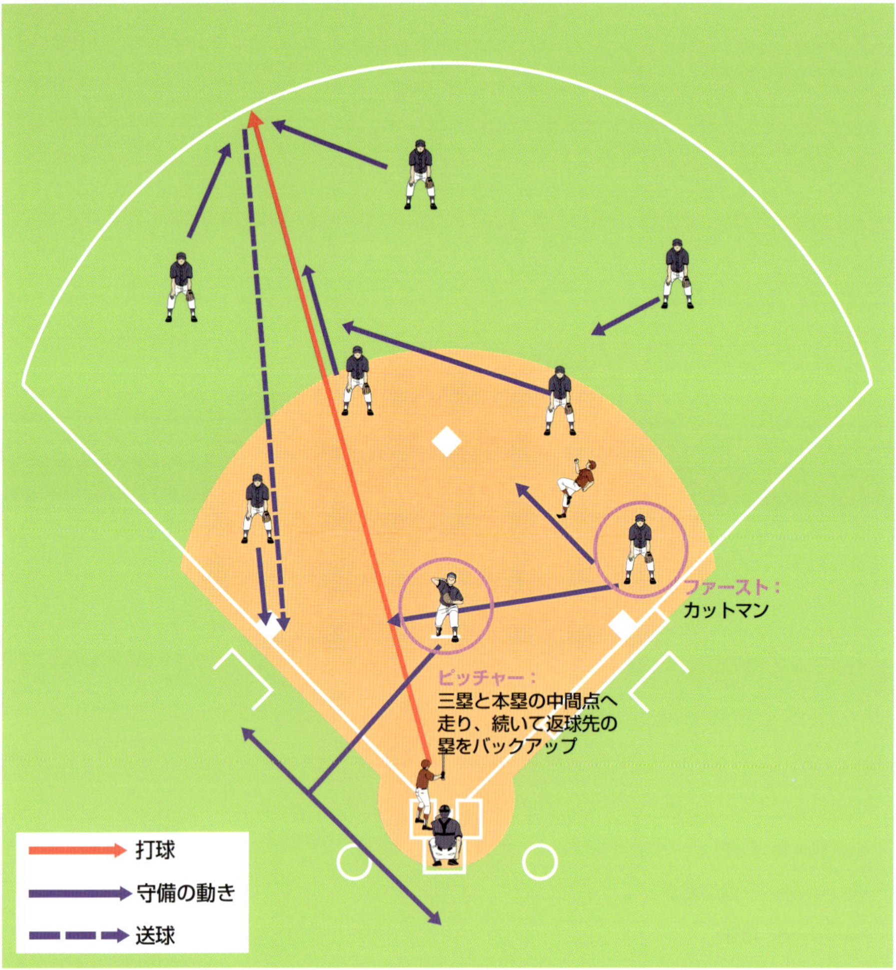
ファースト：
カットマン
ピッチャー：
三塁と本塁の中間点へ
走り、続いて返球先の
塁をバックアップ
打球
守備の動き
送球

その他の守備

②**キャッチャー**：本塁を守る
④**セカンド**：左中間と三塁を結ぶ線上で、ショートの約7～8m後ろでバックアップ
⑤**サード**：三塁ベースの左側に立ち、ベースカバー
⑥**ショート**：左中間へ行きカットマンになる
⑦**レフト**：打球を追いかける
⑧**センター**：レフトのバックアップ
⑨**ライト**：セカンド方向へ動く

メニュー129 走者二塁、レフト前ヒット

人数 チーム

時間 10分程度

ねらい 走者が二塁で三遊間ゴロのヒットを打たれた場合の守備です。本塁への進塁を防ぎます。

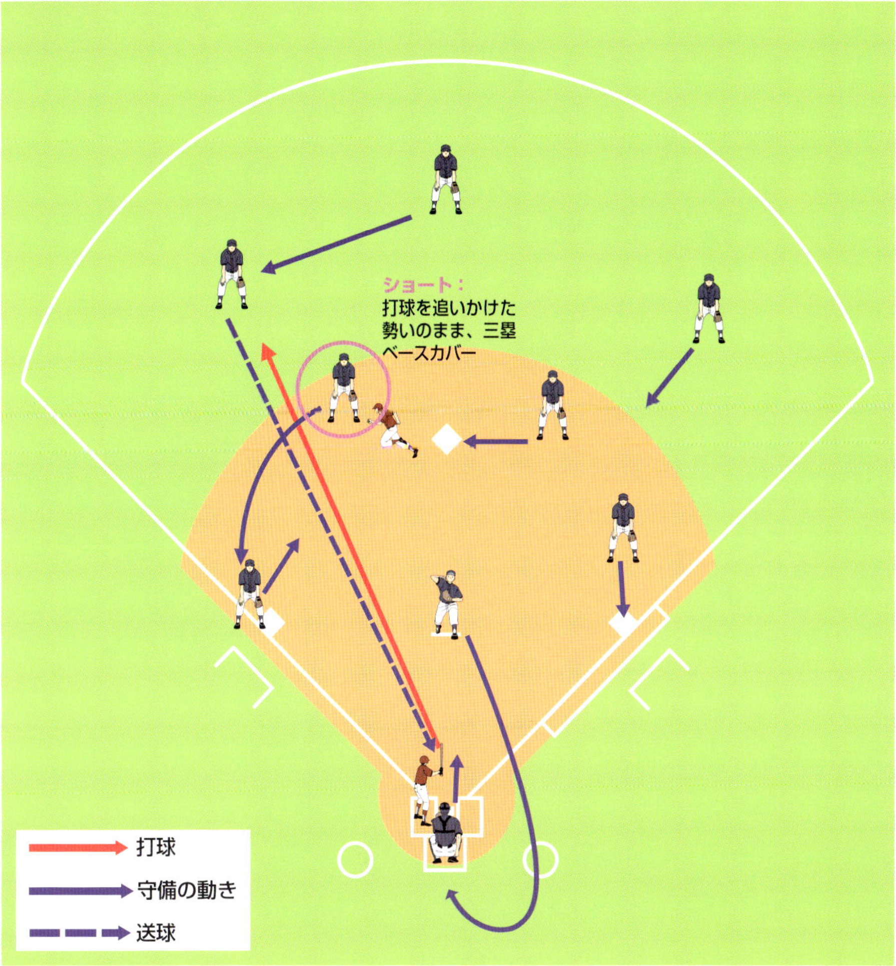
ショート：
打球を追いかけた
勢いのまま、三塁
ベースカバー
打球
守備の動き
送球

全体の守備

①ピッチャー：本塁バックアップ
②キャッチャー：本塁を守る
③ファースト：一塁ベースカバー
④セカンド：二塁ベースカバー
⑤サード：カットマン
⑦レフト：打球を追いかける
⑧センター：レフトのバックアップ
⑨ライト：セカンド方向へ動く

メニュー 130

走者一、三塁、レフトフライ

人数 チーム

時間 10分程度

ねらい

走者が一、三塁でレフトへのフライの守備です。
相手はタッチアップをねらってくるため、本塁への進塁を防ぎます。

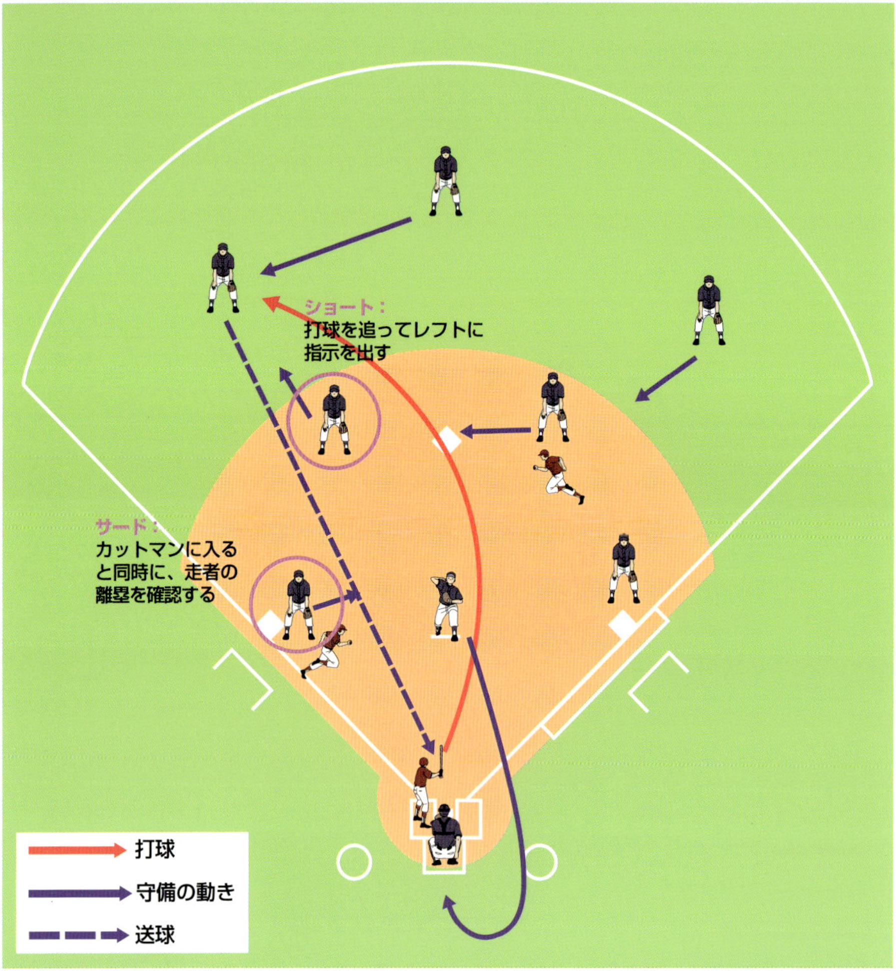
ショート：
打球を追ってレフトに
指示を出す
サード：
カットマンに入る
と同時に、走者の
離塁を確認する
打球
守備の動き
送球

その他の守備

①ピッチャー：本塁バックアップ
②キャッチャー：本塁を守ると同時に、タッチプレーに備える
③ファースト：一塁ベースカバー
④セカンド：二塁ベースカバー
⑦レフト：打球を追いかけ、本塁に送球
⑧センター：レフトのバックアップ
⑨ライト：二塁バックアップ。右中間二塁後方に移動

メニュー 131

走者一、二塁、レフトへの深いフライ

人数　チーム

時間　10分程度

ねらい　**タッチアップ可能な深いフライの場合の守備です。一、二塁の走者のタッチアップによる進塁を防ぎます。**

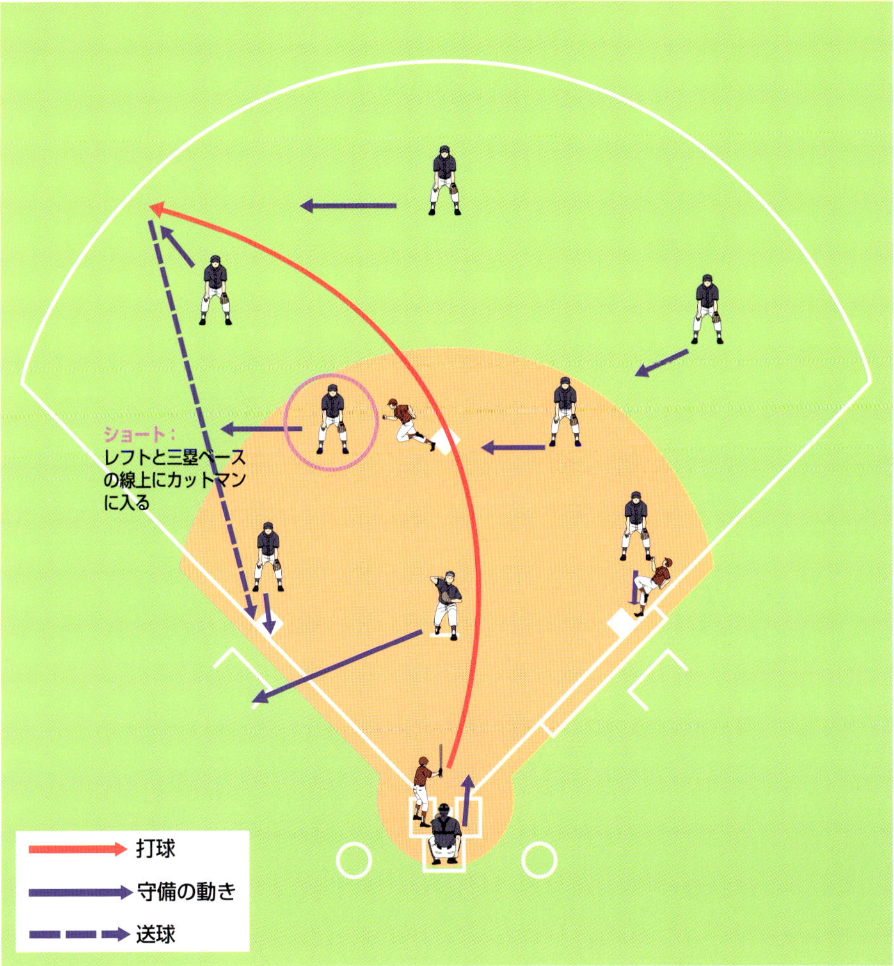
ショート：
レフトと三塁ベース
の線上にカットマン
に入る
打球
守備の動き
送球

全体の守備

①ピッチャー　：三塁バックアップ
②キャッチャー：本塁を守る
③ファースト　：一塁ベースカバー
④セカンド　：二塁ベースカバー
⑤サード　：三塁ベースカバー、ショートの指示
⑦レフト　：打球を追いかける
⑧センター　：レフトのバックアップ
⑨ライト　：二塁方向に前進

守備フォーメーション編

メニュー 132

走者三塁、レフトフライ（二、三塁、満塁も同）

人数 チーム

時間 10分程度

ねらい 走者が三塁でレフトへのフライの場合の守備です。何としても本塁を守ります。

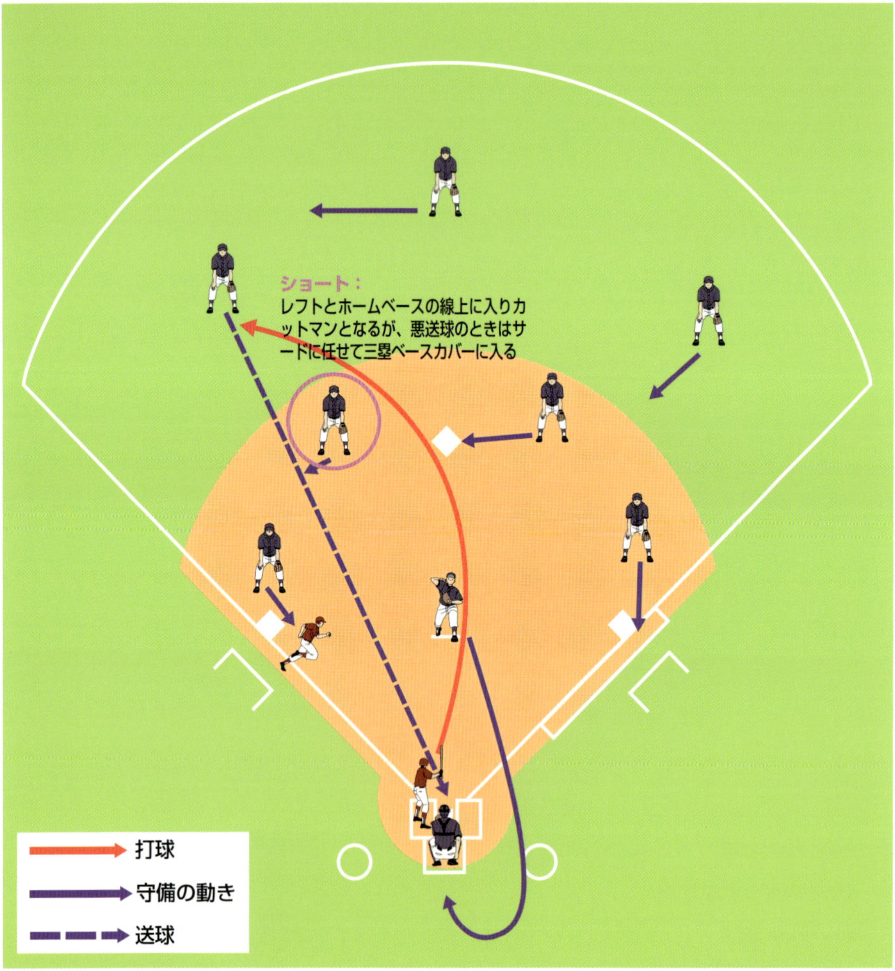
ショート：
レフトとホームベースの線上に入りカットマンとなるが、悪送球のときはサードに任せて三塁ベースカバーに入る
打球
守備の動き
送球

全体の守備

①**ピッチャー**：本塁バックアップ
②**キャッチャー**：本塁を守る、カットマンの指示、ブロックでホームを死守
③**ファースト**：一塁ベースカバー
④**セカンド**：二塁ベースカバー
⑤**サード**：三塁ベースカバー
⑦**レフト**：フライを追いかける（余裕のあるときは後ろから入り送球に勢いをつける）
⑧**センター**：レフトのバックアップ
⑨**ライト**：二塁バックアップ

守備フォーメーション編

メニュー 133

走者一、三塁、三塁後方（レフト定位置辺り）へのファールフライ

人数　チーム

時間　10分程度

ねらい　走者が一、三塁でレフトへのフライの場合の守備です。キャッチャーの指示で進塁を防ぎます。

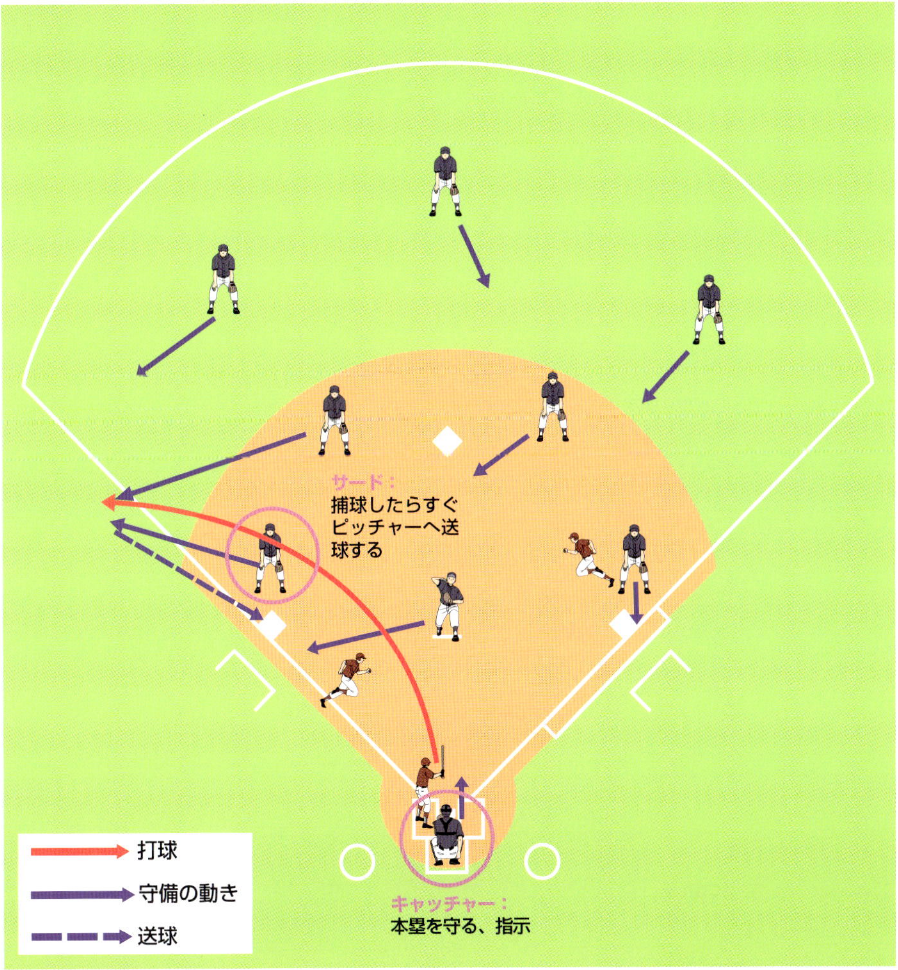
サード：
捕球したらすぐ
ピッチャーへ送
球する
キャッチャー：
本塁を守る、指示
打球
守備の動き
送球

その他の守備

①ピッチャー　：三塁ベース近くのファールゾーンに入り、カットマンになる

③ファースト　：一塁ベースカバー（ランダウンプレーに備える）

④セカンド　：一塁走者の線上でカットマンになり、二塁進塁を防ぐ

⑥ショート　：サードと同じ

⑦レフト　：サードまたはショートの指示

⑧センター　：二塁ベースに近寄り、ピッチャー→セカンドへの送球のバックアップ

⑨ライト　：一塁バックアップ

メニュー134 走者なし、センター前ヒット

人数　チーム

時間　10分程度

ねらい 走者なしでセンター前のヒットの場合の守備です。二塁への進塁を防ぎます。

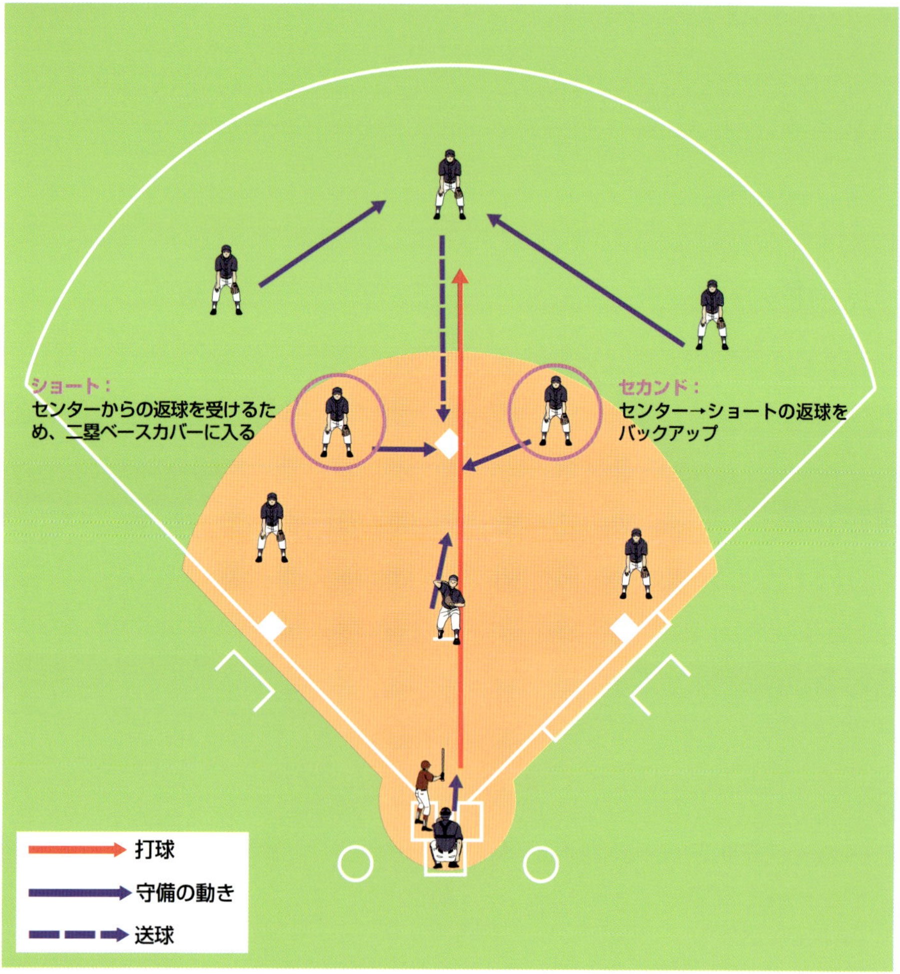
ショート：
センターからの返球を受けるため、二塁ベースカバーに入る
セカンド：
センター→ショートの返球をバックアップ
打球
守備の動き
送球

全体の守備

①ピッチャー：マウンドと二塁の中間点へ移る
②キャッチャー：本塁周辺を守る
③ファースト：打者走者のターン時にタッチを確かめ、一塁ベースカバーに入る
⑤サード：三塁エリアを守る
⑦レフト：センターのバックアップ
⑧センター：捕球する
⑨ライト：センターのバックアップ

守備フォーメーション編

メニュー 135

走者一塁、センター前ヒット

人数　チーム

時間　10分程度

ねらい　**走者一塁でセンター前へのヒットの場合の守備です。走者の三塁への進塁を防ぎます。**

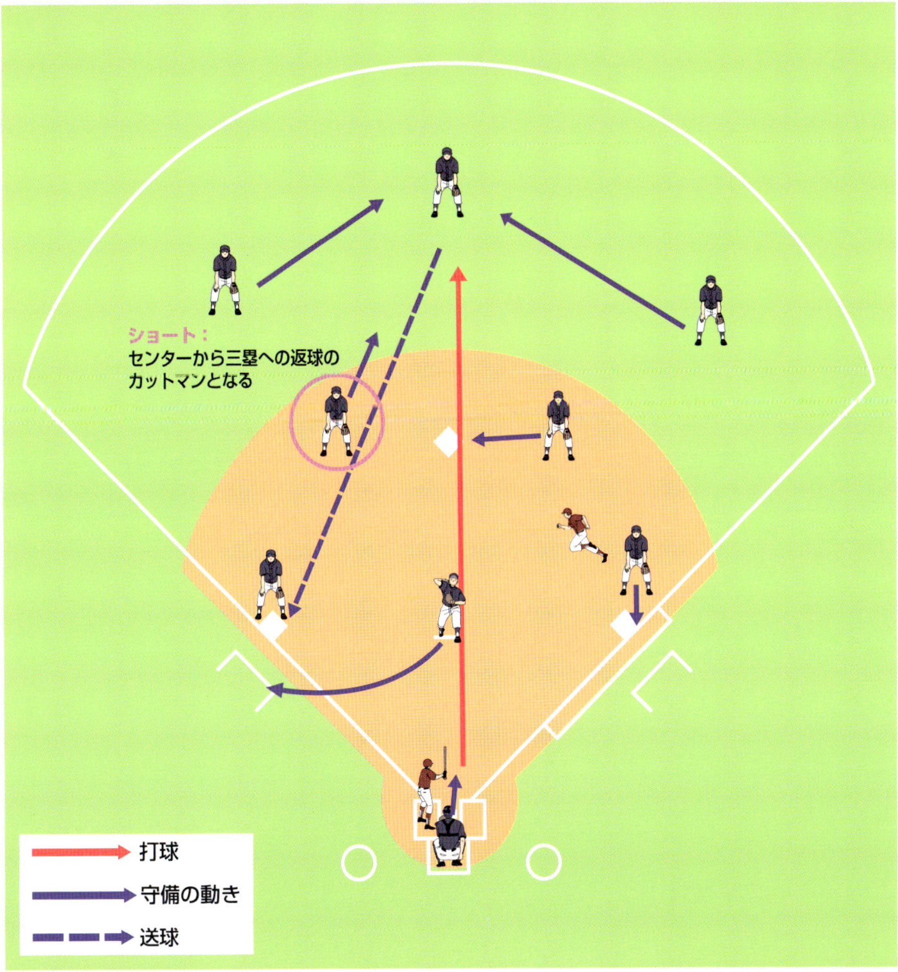
ショート：
センターから三塁への返球の
カットマンとなる
打球
守備の動き
送球

全体の守備

①ピッチャー　：三塁バックアップ
②キャッチャー：本塁周辺を守る
③ファースト　：一塁ベースカバー
④セカンド　：二塁ベースカバー
⑤サード　：三塁ベースカバー
⑦レフト　：センターのバックアップ
⑧センター　：捕球する
⑨ライト　：センターのバックアップ

メニュー136 走者二塁、センター前ヒット

人数　チーム
時間　10分程度

ねらい　走者二塁でセンター前へのヒットに対する守備です。本塁への進塁を防ぎます。

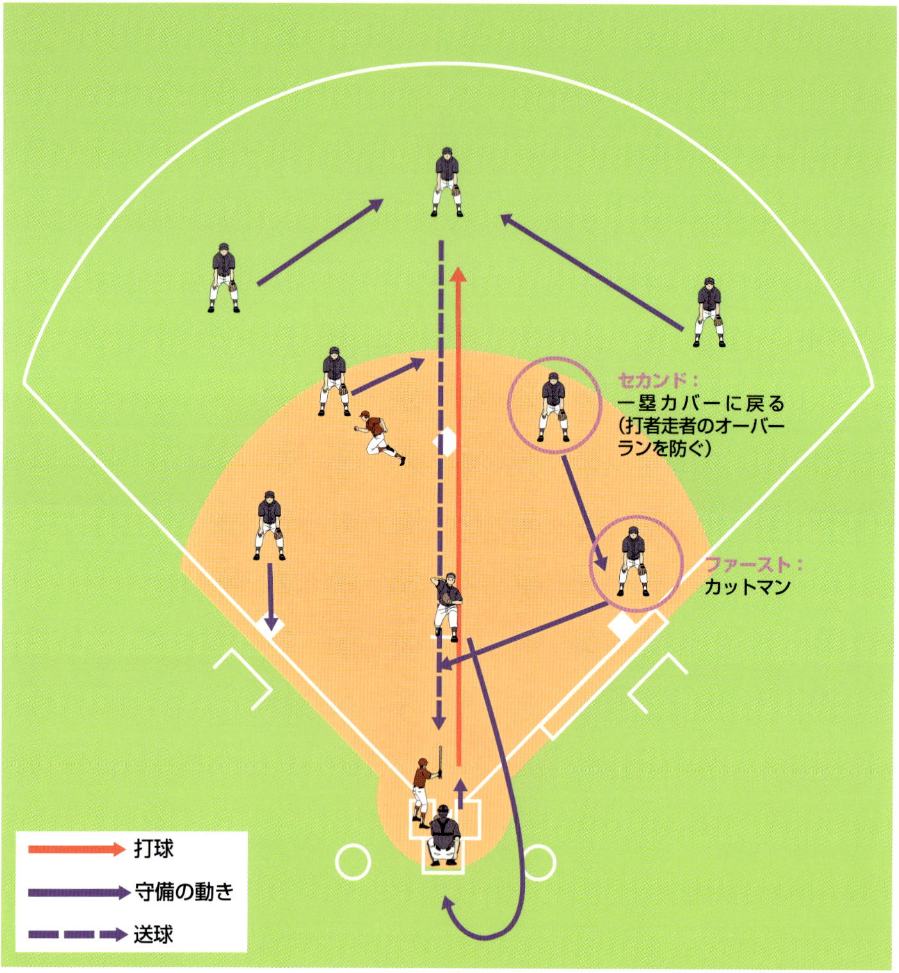
セカンド：
一塁カバーに戻る
（打者走者のオーバーランを防ぐ）
ファースト：
カットマン
打球
守備の動き
送球

全体の守備

①ピッチャー　：本塁バックアップ
②キャッチャー：本塁を守る
⑤サード　　　：三塁ベースカバー
⑥ショート　　：打球を追い、カットマンへの指示
⑦レフト　　　：センターのバックアップ
⑧センター　　：捕球する
⑨ライト　　　：センターのバックアップ

メニュー137 走者三塁、センターフライ

人数　チーム

時間　10分程度

ねらい　走者三塁でセンターフライを打たれた場合の守備です。
タッチアップによる本塁への進塁か、打者の二塁への進塁を防ぎます。

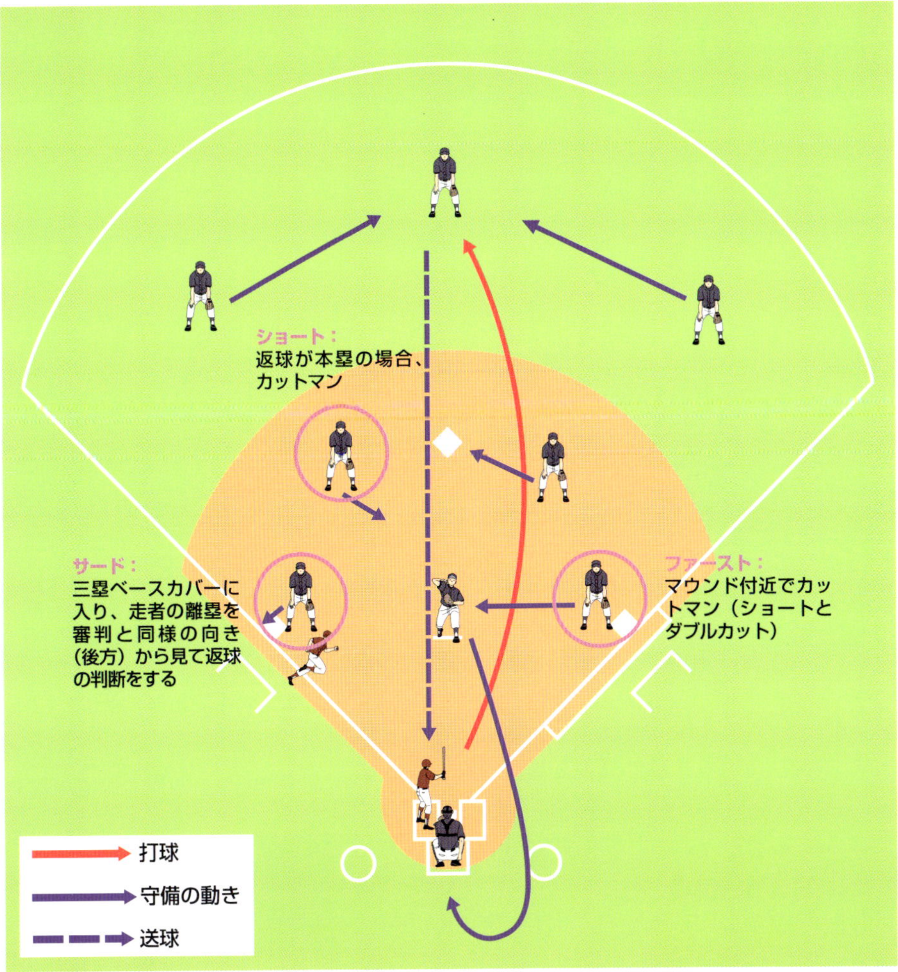
ショート：
返球が本塁の場合、
カットマン
サード：
三塁ベースカバーに
入り、走者の離塁を
審判と同様の向き
（後方）から見て返球
の判断をする
ファースト：
マウンド付近でカッ
トマン（ショートと
ダブルカット）
打球
守備の動き
送球

その他の守備

①ピッチャー　：本塁バックアップ
②キャッチャー：本塁カバー、カットマンの指示、ブロックでホームを死守
④セカンド　　：打球方向に行き、センターへ返球の指示
⑦レフト　　　：センターのバックアップ
⑧センター　　：捕球する
⑨ライト　　　：センターのバックアップ

メニュー 138

走者一、二塁、センター前ヒット

人数　チーム

時間　10分程度

ねらい 走者が一、二塁でセンター前にヒットを打たれた場合の守備です。各走者の進塁を防ぎます。

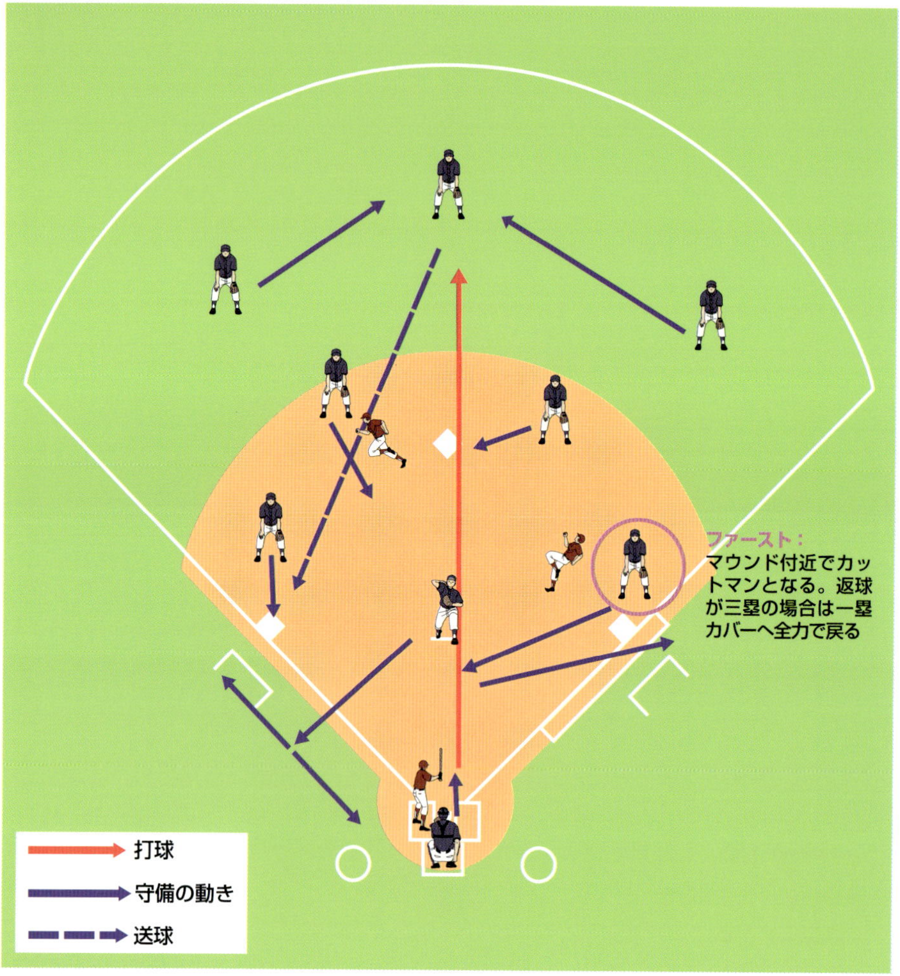
ファースト：
マウンド付近でカットマンとなる。返球が三塁の場合は一塁カバーへ全力で戻る
打球
守備の動き
送球

全体の守備

- ①**ピッチャー**　：三本間のハーフウェイに行き、次の返球の予想される塁をバックアップ
- ②**キャッチャー**：本塁カバー
- ④**セカンド**　：二塁ベースカバー
- ⑤**サード**　：三塁ベースカバー
- ⑥**ショート**　：返球が三塁の場合、カットマンになる
- ⑦**レフト**　：センターのバックアップ
- ⑧**センター**　：捕球する
- ⑨**ライト**　：センターのバックアップ

メニュー 139

走者二塁、センターフライ（一、二塁も同）

人数 チーム

時間 10分程度

ねらい 走者が二塁でセンター前のフライの場合の守備です。タッチアップによる進塁を防ぎます。

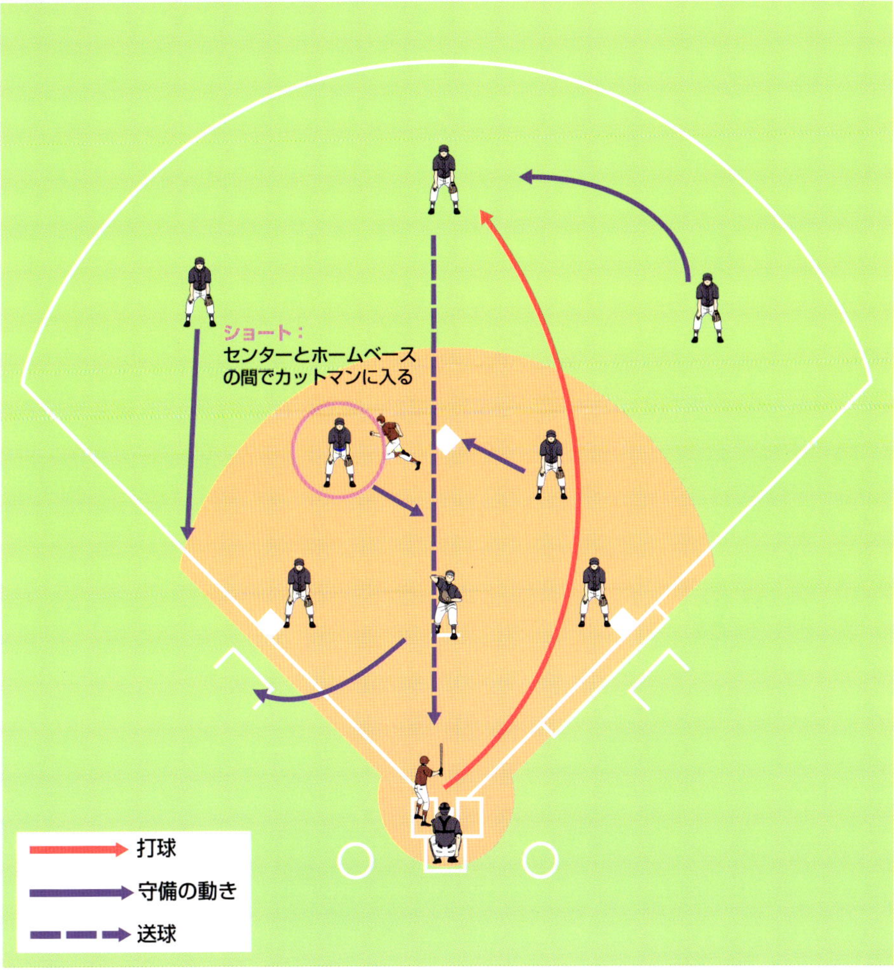
ショート：
センターとホームベースの間でカットマンに入る
打球
守備の動き
送球

全体の守備

①ピッチャー：三塁のバックアップ
②キャッチャー：本塁カバー
③ファースト：一塁ベースカバー
④セカンド：二塁ベースカバー、ランナーのタッチアップを確認
⑤サード：三塁ベースカバー、ショートへの指示、タッチプレーに備える
⑦レフト：三塁のバックアップ
⑧センター：捕球する
⑨ライト：センターのバックアップ

守備フォーメーション編

メニュー140 走者二、三塁、センターフライ（満塁も同）

人数　チーム
時間　10分程度

ねらい　**走者が二、三塁でセンターフライを打たれた場合の守備です。よほど深くない限り、本塁への進塁を防ぎます。**

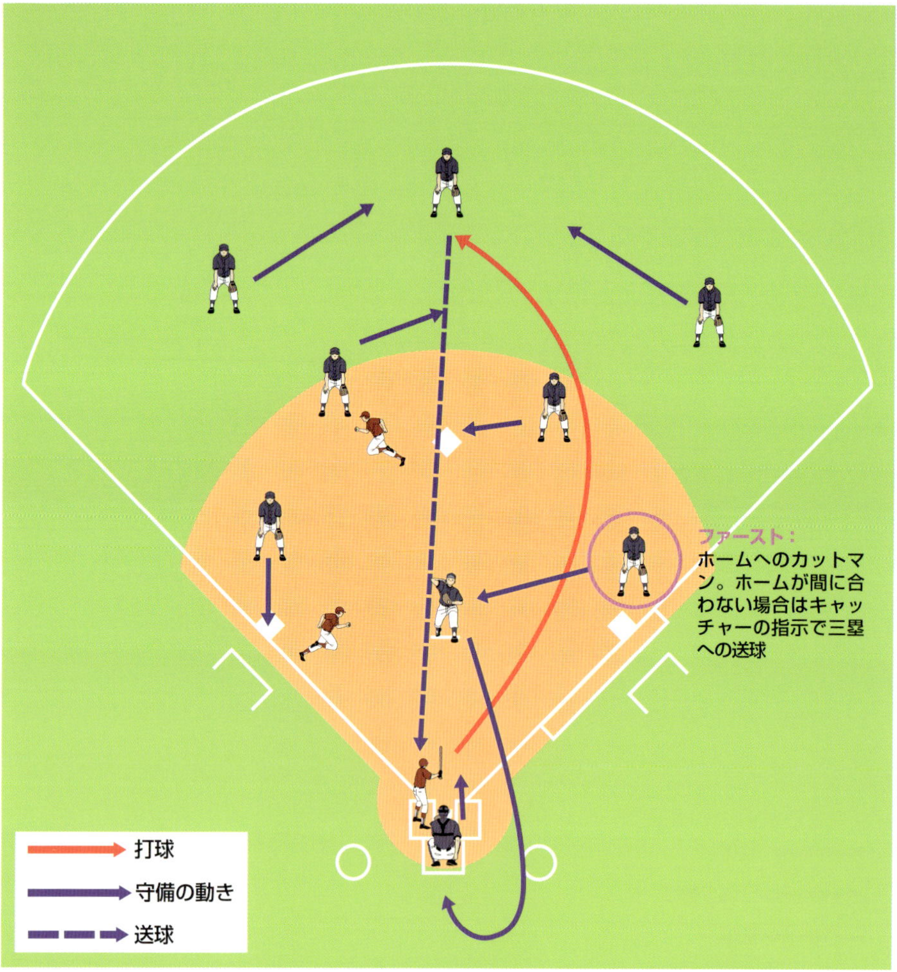
ファースト：
ホームへのカットマン。ホームが間に合わない場合はキャッチャーの指示で三塁への送球
打球
守備の動き
送球

全体の守備

①ピッチャー　：本塁の後ろでバックアップ
②キャッチャー：ホームを死守、ファーストへの指示
④セカンド　：二塁ベースカバー、ランナーのタッチアップを確認
⑤サード　：三塁ベースカバー、ランナーのタッチアップを確認
⑥ショート　：打球を追い、送球の指示
⑦レフト　：センターのバックアップ
⑧センター　：捕球する
⑨ライト　：センターのバックアップ

メニュー141

走者なし、ライト前ヒット

人数　チーム

時間　10分程度

ねらい　走者なしでライト前のヒットの場合の守備です。二塁への進塁を防ぎます。

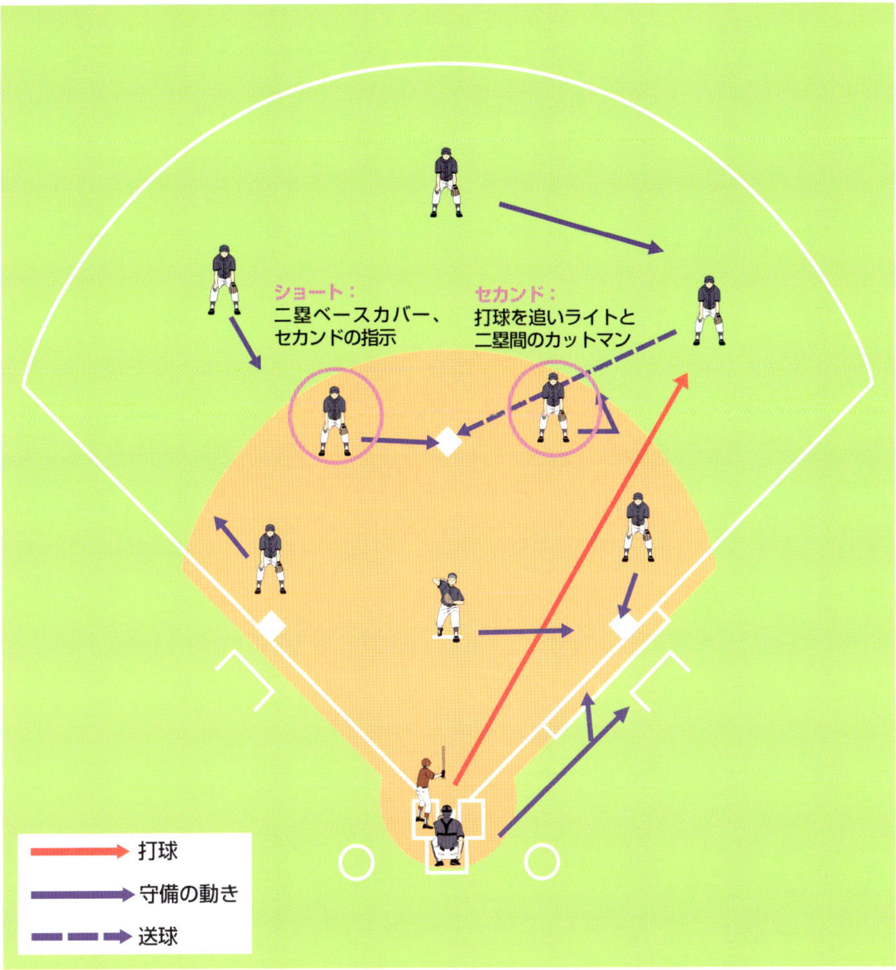
ショート：
二塁ベースカバー、
セカンドの指示
セカンド：
打球を追いライトと
二塁間のカットマン
打球
守備の動き
送球

全体の守備

①ピッチャー：一塁ベースカバー

②キャッチャー：一塁のバックアップ、ファースト→ピッチャー、セカンド→ピッチャー、ライト→ファーストの送球に備える

③ファースト：一塁ベースカバー

⑤サード：二塁バックアップ

⑦レフト：ライトから二塁への送球に備えてバックアップ

⑧センター：ライトのバックアップ

⑨ライト：捕球する

守備フォーメーション編

メニュー142 走者なし、右中間への長打

人数　チーム

時間　10分程度

ねらい　走者なしで右中間への長打の場合の守備です。
ショートは、送球に合わせてセカンドのカバーとして動くトレーラーとなります。
打者の進塁を防ぎます。

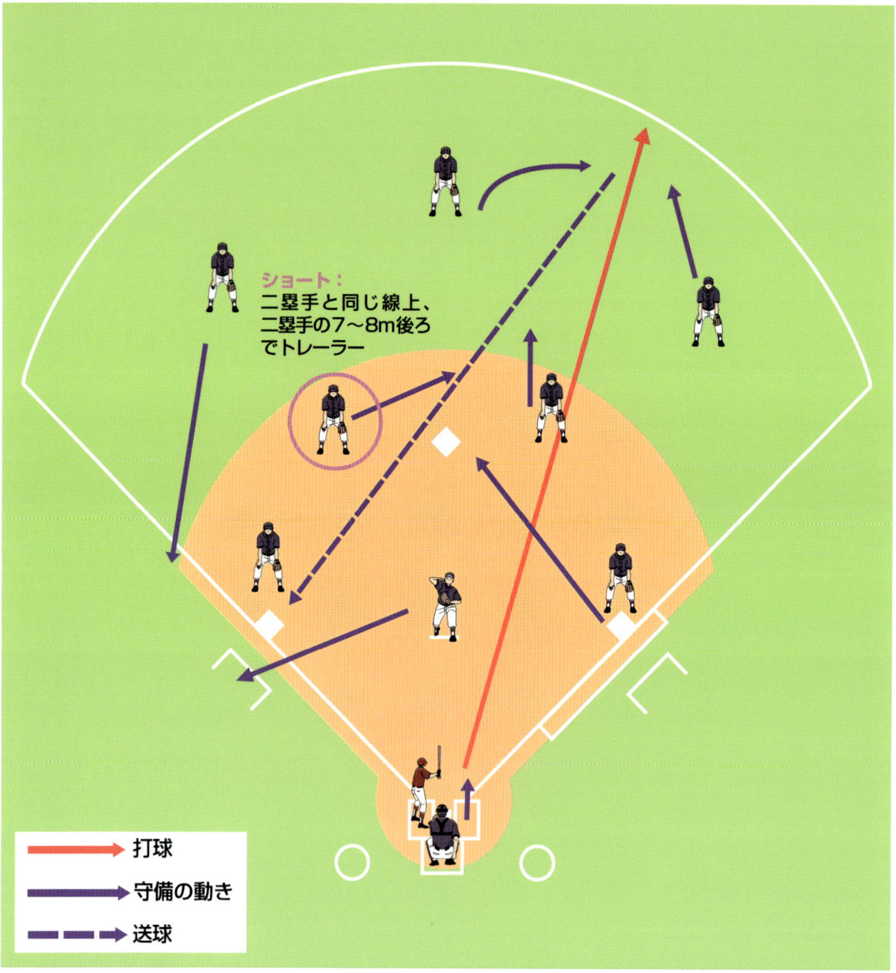
ショート：
二塁手と同じ線上、
二塁手の7～8m後ろ
でトレーラー
打球
守備の動き
送球

全体の守備

①ピッチャー：三塁バックアップ
②キャッチャー：本塁を守る
③ファースト：打者走者を追って二塁に走りベースカバー
④セカンド：ライトと三塁を結ぶ線上でカットマン
⑤サード：三塁のカバー
⑦レフト：三塁に向けて内野に入る
⑧センター：ライトより早く追いついたら処理する
遅れたら送球先指示
⑨ライト：センターより早く追いついたら処理する
遅れたら送球先指示

メニュー 143

走者一、二塁、ライト前ヒット（満塁も同）

人数　チーム

時間　10分程度

ねらい

走者の進塁を防ぎます。
ショートはベースに入るのではなくカットマンの役割をします。
ライト（外野手）は、本塁が間に合わないときは、サードに送球します。

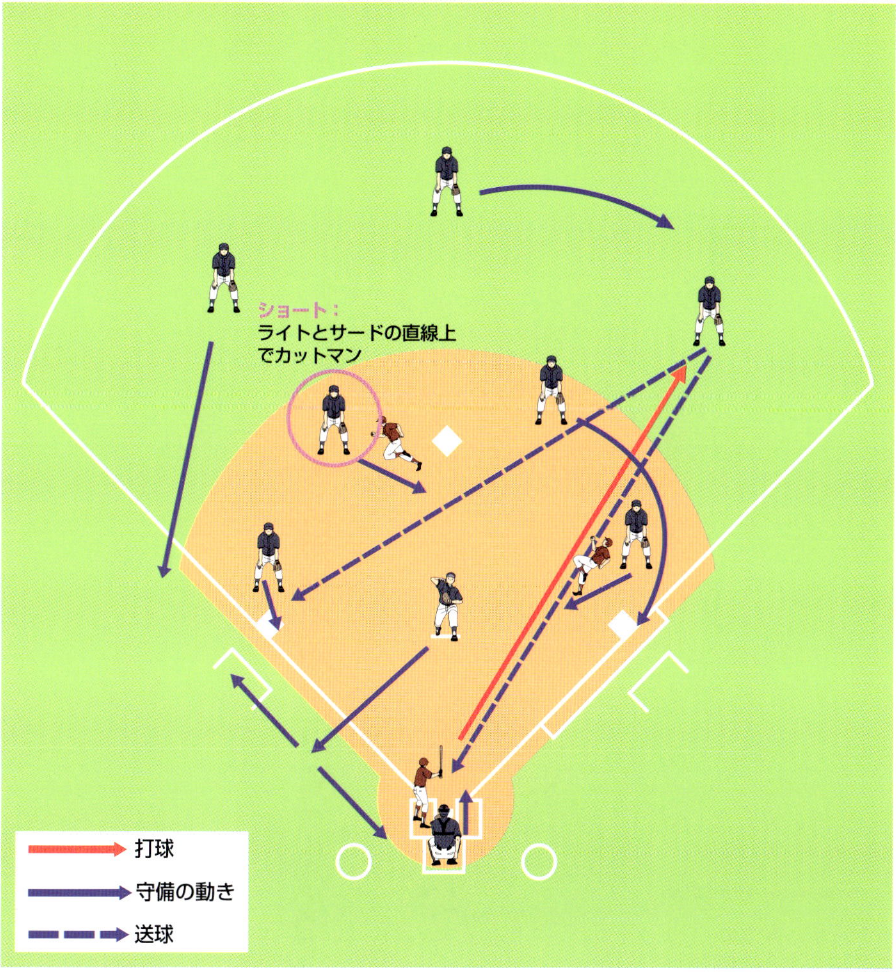
ショート：
ライトとサードの直線上
でカットマン
打球
守備の動き
送球

全体の守備

①ピッチャー　：本塁か三塁のバックアップ
②キャッチャー：本塁を守る、カットマンの指示、ホームを死守
③ファースト　：ライトと本塁を結ぶ線上に入りカットマン
④セカンド　：一塁ベースカバー
⑤サード　：三塁ベースカバー
⑦レフト　：ファースト→サード、キャッチャー→サードの送球のバックアップ
⑧センター　：ライトのバックアップと送球先の指示
⑨ライト　：捕球する

守備フォーメーション編

メニュー 144

走者一塁、右中間への長打

人数　9人

時間　10分程度

ねらい

走者が一塁で右中間への長打の場合の守備です。
走者の本塁への進塁を防ぎます。
ショートは、セカンドのバックアップをするトレーラーになります。

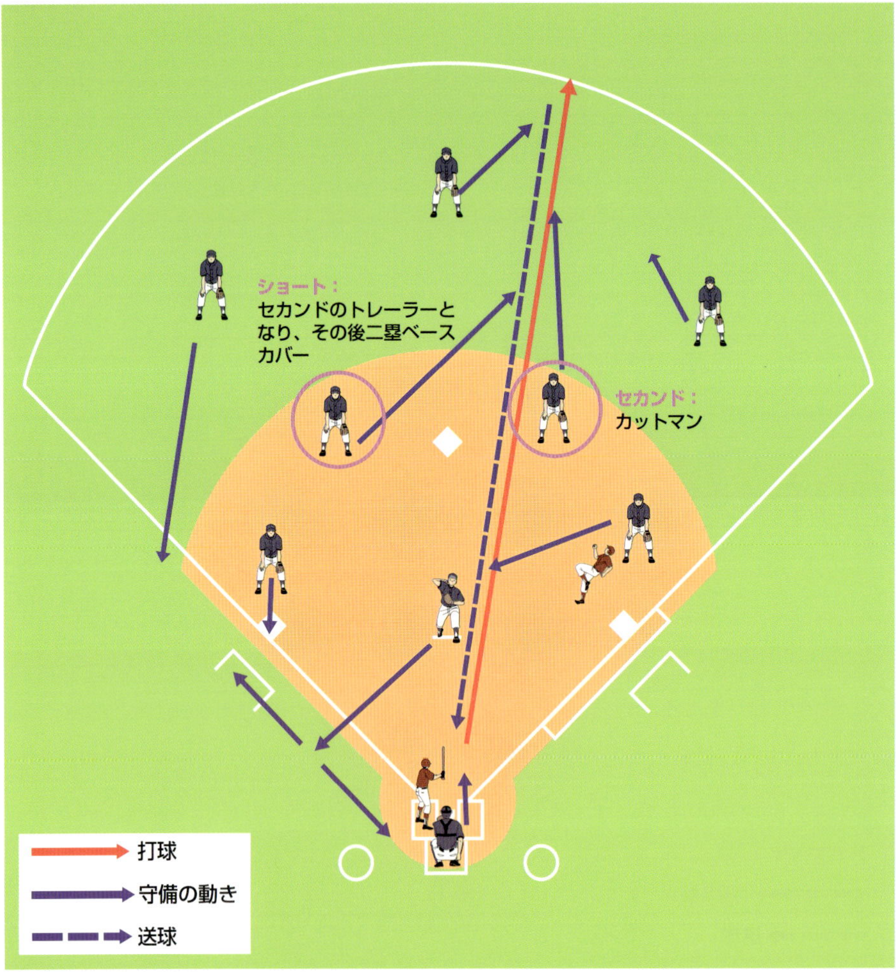
ショート：
セカンドのトレーラーとなり、その後二塁ベースカバー
セカンド：
カットマン
打球
守備の動き
送球

全体の守備

①**ピッチャー**　：三本間のハーフウェイへ走り、返球がどちらへ行くかを確かめたうえ、返球の行き先の塁をバックアップ
②**キャッチャー**：本塁を守る
③**ファースト**　：カットマン
⑤**サード**　：三塁ベースカバー
⑦**レフト**　：三塁後方でバップアップ
⑧**センター**　：ボールを追う
⑨**ライト**　：ボールを追う

メニュー 145

走者一塁、ライト前ヒット

人数　チーム

時間　10分程度

ねらい

**走者が一塁でライト前へのヒットの場合の守備です。
走者の三塁への進塁を防ぎます。**

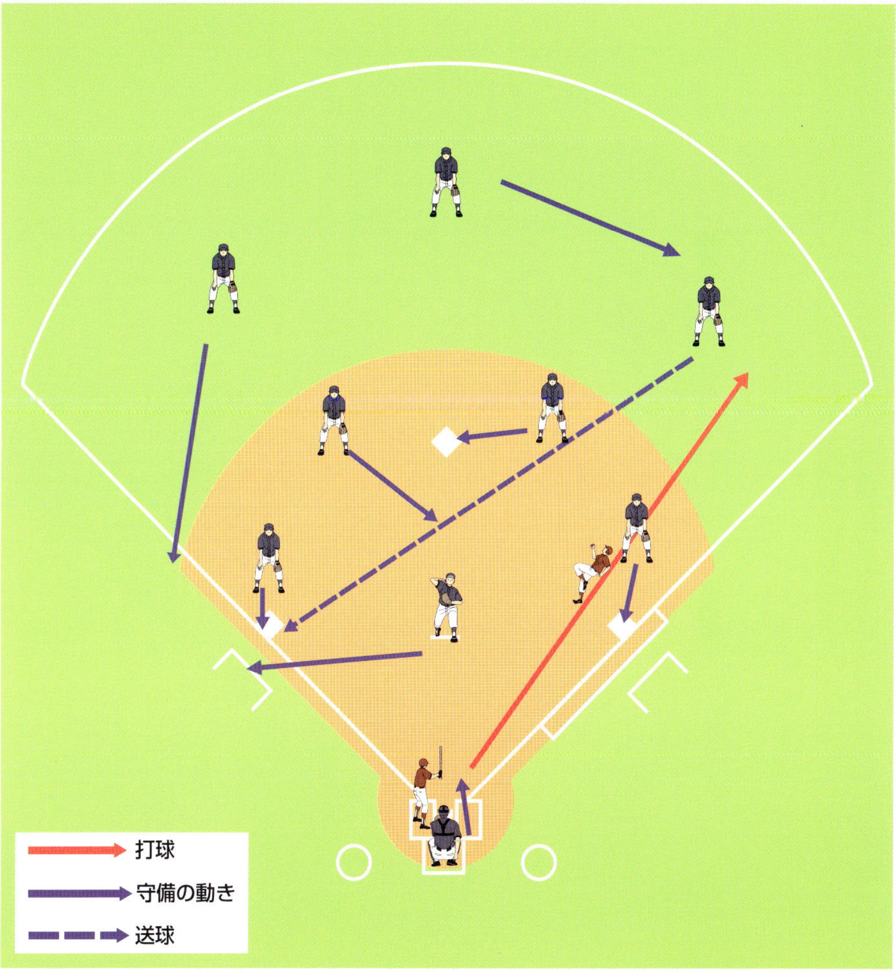

全体の守備

①ピッチャー　：三塁バックアップ
②キャッチャー：本塁を守る
③ファースト　：一塁ベースカバー
④セカンド　：二塁ベースカバー
⑤サード　：三塁ベースカバー
⑥ショート　：ライトと三塁を結ぶ線上に入りカットマン
⑦レフト　：三塁バップアップ
⑧センター　：ライトバックアップ
⑨ライト　：捕球する

メニュー146

走者なし、ライト線への長打

人数　チーム

時間　10分程度

ねらい　走者なし、ライト線への長打の場合、セカンドがカットマンに入り、ショートがトレーラーとなります。三塁への進塁を防ぎます。

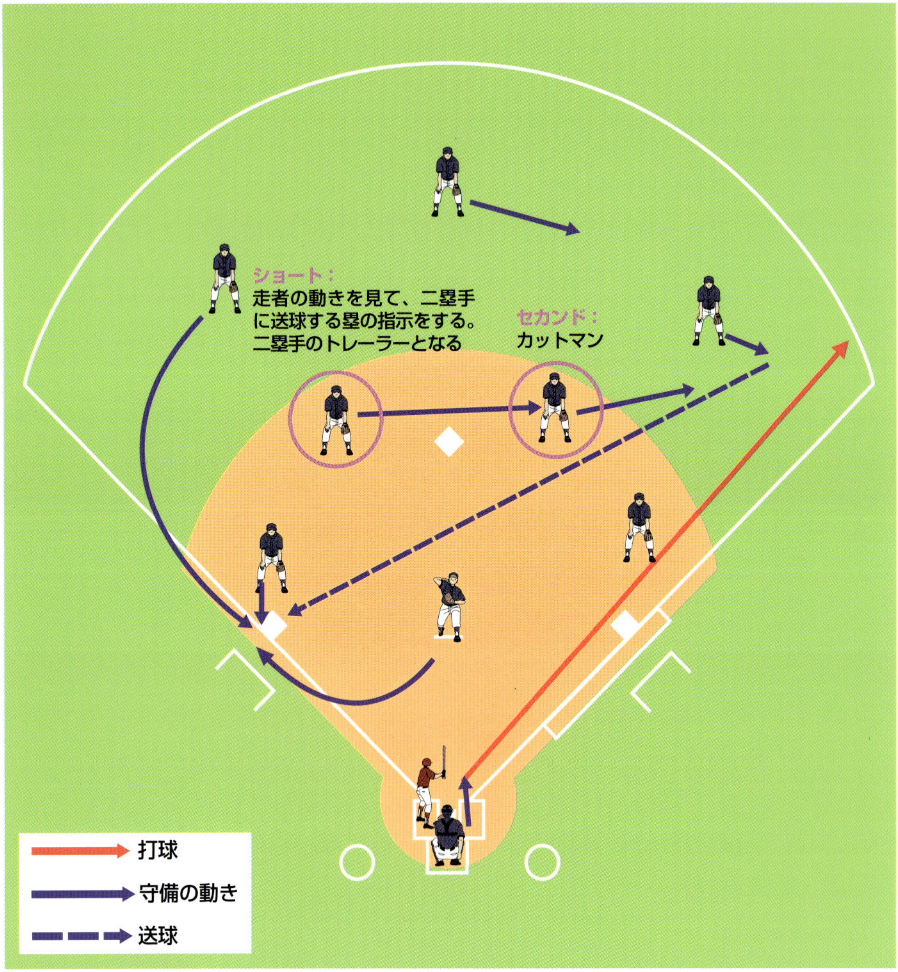
ショート：
走者の動きを見て、二塁手に送球する塁の指示をする。二塁手のトレーラーとなる
セカンド：
カットマン
打球
守備の動き
送球

全体の守備

①ピッチャー：三塁バックアップ
②キャッチャー：本塁を守る
③ファースト：打者走者の離塁を確認してから二塁へ
⑤サード：三塁ベースカバー
⑦レフト：三塁後方に回る
⑧センター：ライトバックアップ
⑨ライト：捕球する

メニュー 147

走者一塁、ライト線への長打

人数　チーム

時間　10分程度

ねらい　走者一塁でライト線への長打の場合、セカンドは一塁走者の本塁への進塁阻止のため、カットマンになります。

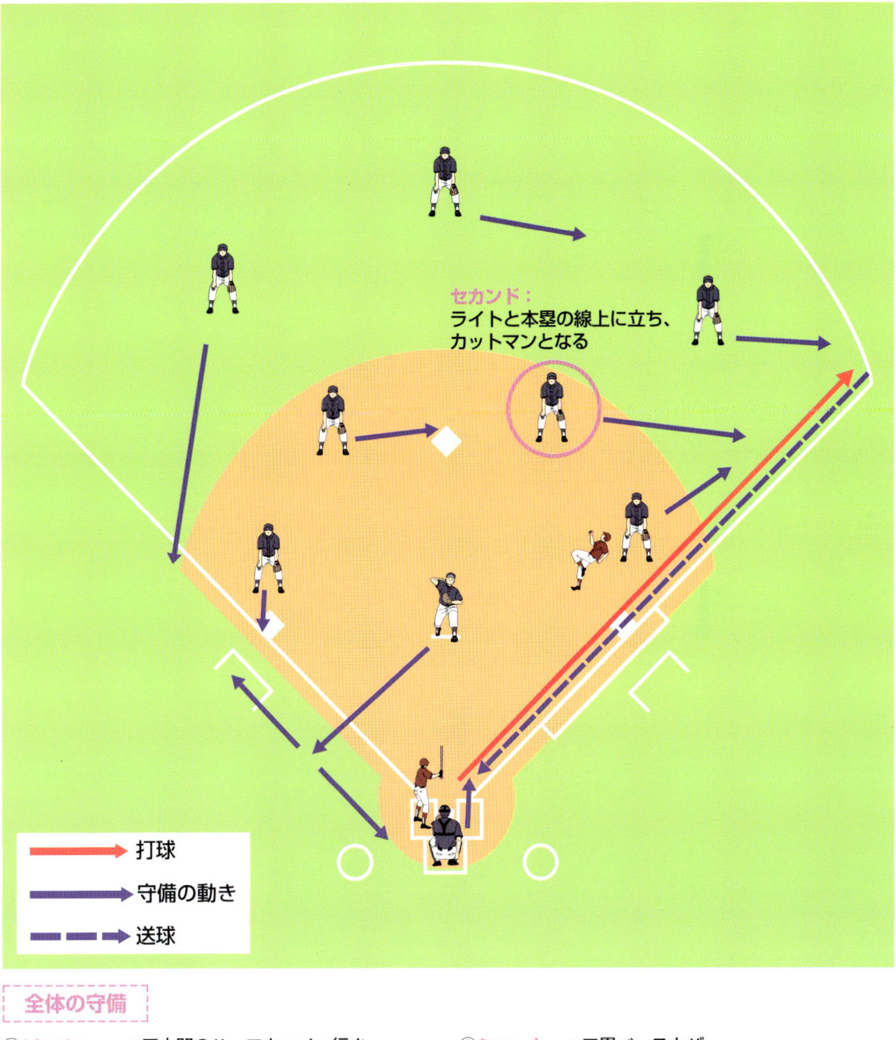
セカンド：
ライトと本塁の線上に立ち、カットマンとなる
打球
守備の動き
送球

全体の守備

①ピッチャー　：三本間のハーフウェイへ行き、返球先に応じて動く
②キャッチャー：本塁を守る
③ファースト　：セカンドの後を追い、約7～8m後ろに位置してトレーラーとなる
⑤サード　：三塁ベースカバー
⑥ショート　：二塁ベースカバー
⑦レフト　：三塁バックアップ
⑧センター　：ライトバックアップ
⑨ライト　：捕球する

守備フォーメーション編

メニュー 148

走者二塁、深いライトフライ（一、二塁も同）

人数	チーム
時間	10分程度

ねらい

走者が二塁でライト前へのフライの場合の守備です。
セカンドはライト方向へ打球を追い送球指示を出し、ショートが二塁を守ります。
三塁への進塁を防ぎます。

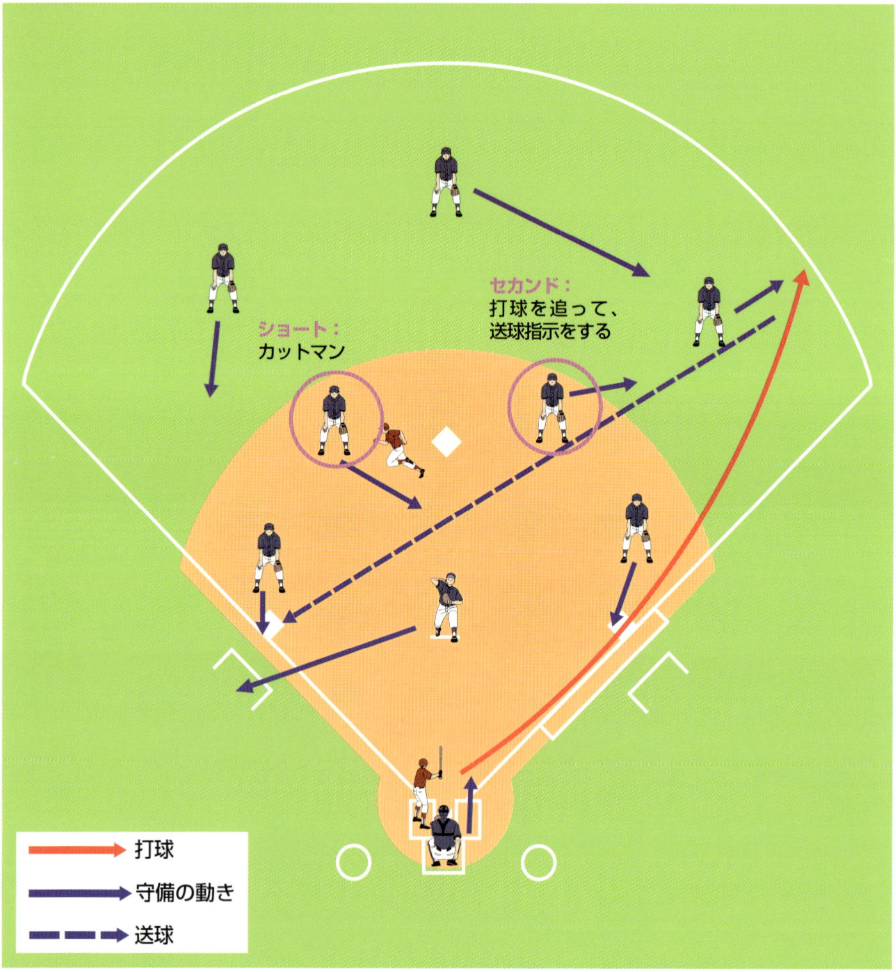
セカンド：
打球を追って、
送球指示をする
ショート：
カットマン
打球
守備の動き
送球

全体の守備

①**ピッチャー**　：三塁バックアップ
②**キャッチャー**：本塁を守る
③**ファースト**　：一塁ベースカバー
⑤**サード**　：三塁ベースカバー
⑧**センター**　：ライトバックアップ
⑨**ライト**　：捕球する

メニュー149 走者三塁、ライトフライ

人数　チーム

時間　10分程度

ねらい　なるべくカットマンを少なくするために、ファーストのみがカットマンになります。タッチアップによる本塁への進塁を防ぎます。

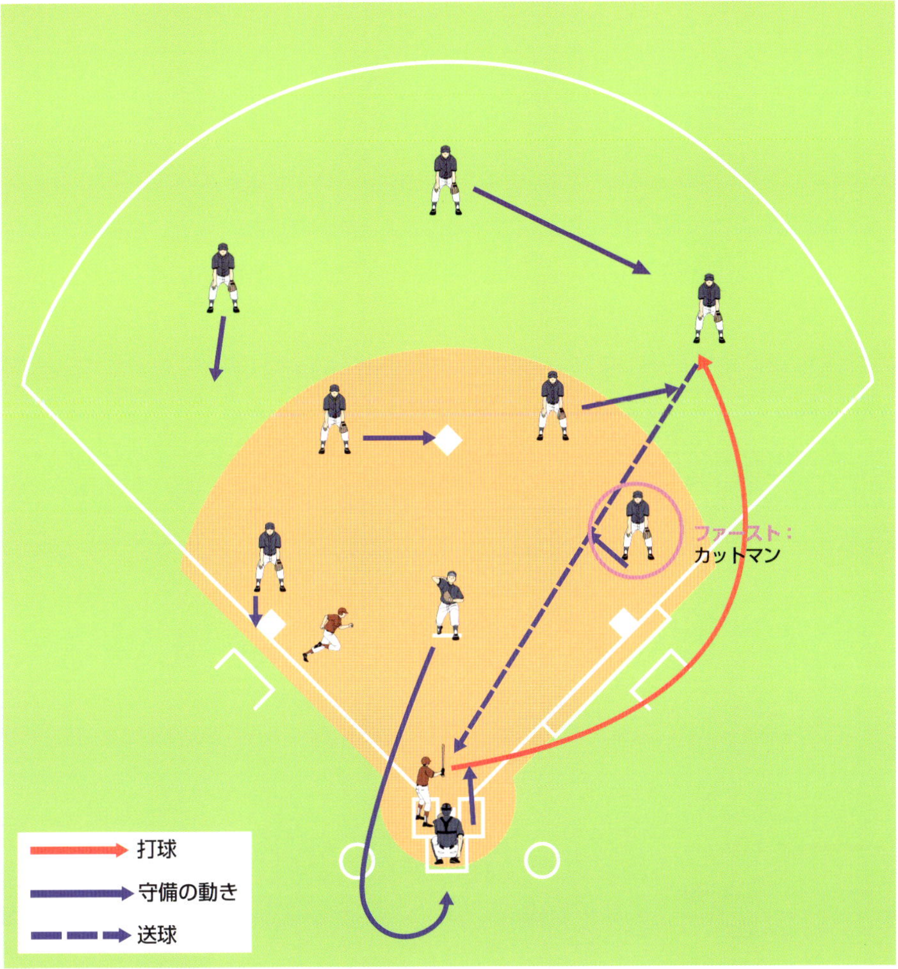

全体の守備

①ピッチャー　：本塁のバックアップ
②キャッチャー：本塁を守る、カットマンの指示、ブロックでホームを死守
④セカンド　：打球を追う
⑤サード　：三塁ベースカバー、ランナーの離塁を確認
⑥ショート　：二塁ベースカバー
⑧センター　：ライトのバックアップ
⑨ライト　：捕球する

メニュー 150

走者二、三塁、ライトフライ（満塁も同じ）

人数　チーム

時間　10分程度

ねらい　**走者が二、三塁でライトへのフライの場合は、ピッチャーとセカンドの守備が重要です。本塁への進塁を防ぎます。**

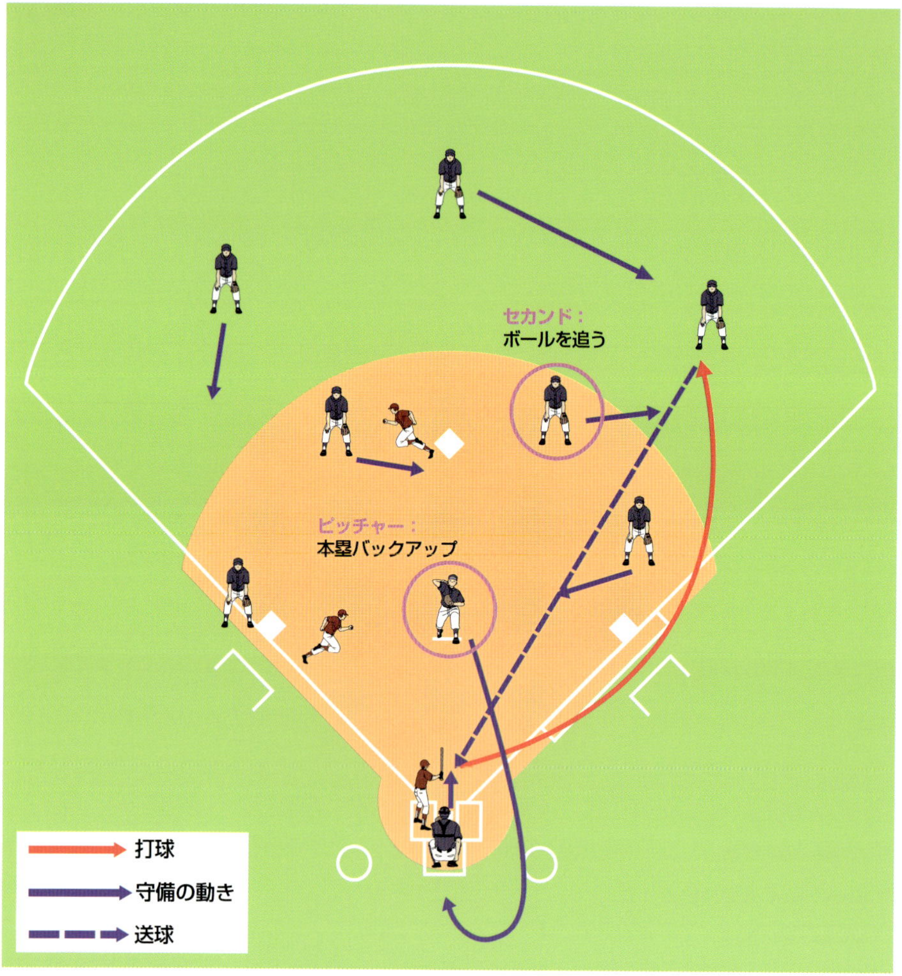

全体の守備

②キャッチャー：本塁を守る、カットマンの指示
③ファースト：ライトと本塁を結ぶ線上でカットマン
⑤サード：三塁ベースカバー
⑥ショート：二塁ベースカバー
⑧センター：ライトのバックアップ
⑨ライト：捕球する

守備フォーメーション編

メニュー151 走者一、三塁、一塁後方へのファールフライ

人数　チーム

時間　10分程度

ねらい　三塁走者の本塁への進塁を防ぎます。
一塁走者の動きに惑わされないよう、キャッチャーの的確な指示が重要です。

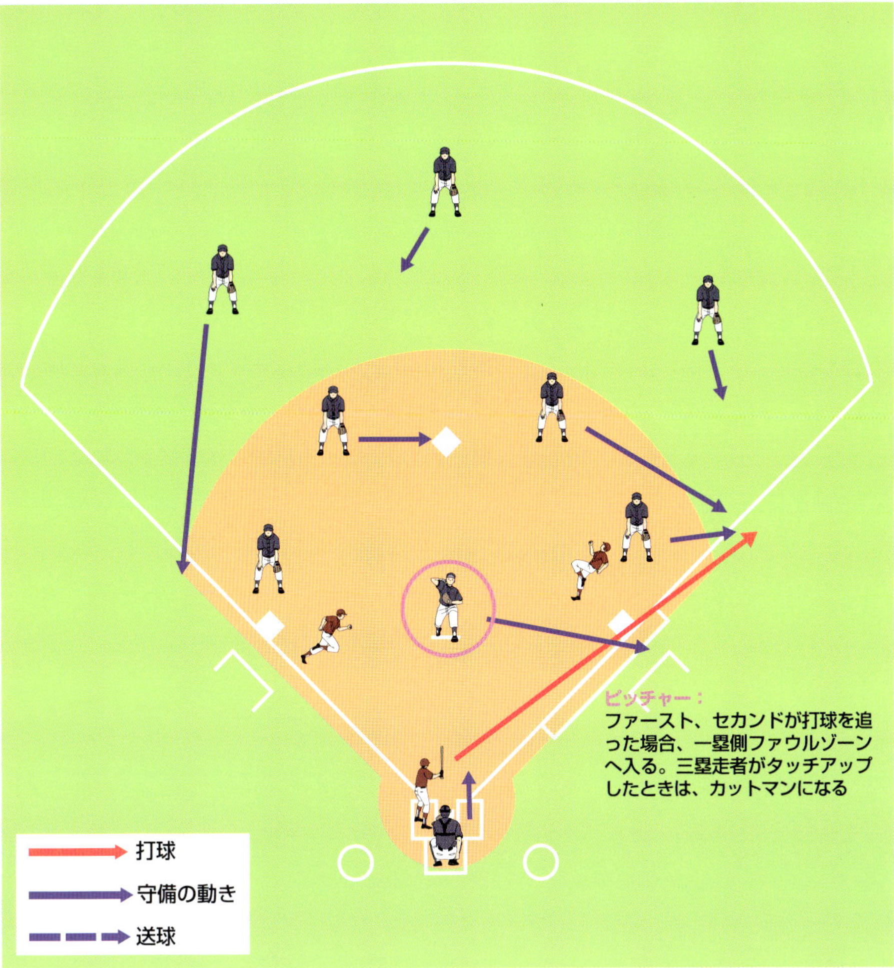

ピッチャー：
ファースト、セカンドが打球を追った場合、一塁側ファウルゾーンへ入る。三塁走者がタッチアップしたときは、カットマンになる
打球
守備の動き
送球

全体の守備

②キャッチャー：本塁を守る、指示を出す
③ファースト：捕球したら、ピッチャーへ送球
④セカンド：捕球したら、ピッチャーへ送球
⑤サード：三塁ベースカバー、走者のタッチアップ確認
⑥ショート：二塁ベースカバー、ランダウンプレーに備える
⑦レフト：三塁のバックアップ
⑧センター：ピッチャー→ショートへの送球のバックアップ
⑨ライト：ファーストまたはセカンドの指示

メニュー152 ダブルプレーの鉄則

人数　グループ

時間　3分程度

ねらい　ダブルプレーをするときに、何を大切にするかということとチームが心がけることを確認します。

確実に捕球してから、送球する

捕球している間に、他の選手がベースカバーに入る

スライディングしてくるランナーに気をつけ、一塁へ送球

確実に1アウトを取ることが大事。無理やり一塁に投げなくてよい

指導者MEMO

ダブルプレーをねらうときは、選手も2つのアウトをとろうとしてあせってしまいます。日ごろから「1つ目が大切で2つ目はおまけ」と指導してください。また、相手に思いやりを持ってボールを投げさせます。確実さが早さを生みます。

ワンポイントアドバイス

まず、最初のアウトを確実にとることが大切です。1つ目がなければダブルプレーはありえないからです。また、最初にボールを捕った人は、次の人が処理しやすい球を投げるようにします。

メニュー 153

無死もしくは一死で走者一塁、ピッチャーゴロ

人数　チーム

時間　10分程度

ねらい　**打球がピッチャーよりセカンドよりならショートが、サードよりならセカンドがベースカバーに入ることが鉄則です。**

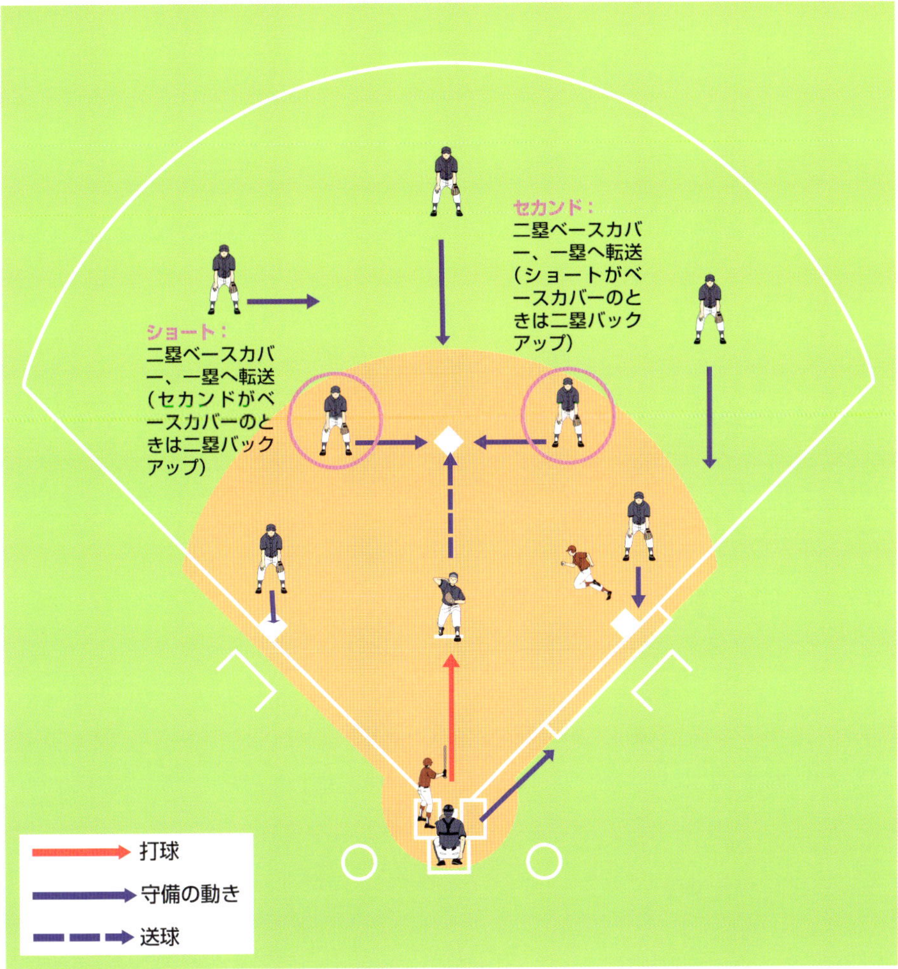
セカンド：
二塁ベースカバー、一塁へ転送（ショートがベースカバーのときは二塁バックアップ）
ショート：
二塁ベースカバー、一塁へ転送（セカンドがベースカバーのときは二塁バックアップ）
打球
守備の動き
送球

その他の守備

①ピッチャー　：捕球後、タイミングを合わせるために一呼吸置いてから二塁へ送球

②キャッチャー：ファーストへの送球エラーに備えて一塁バックアップ

③ファースト　：一塁ベースカバー

⑤サード　　　：三塁ベースカバー

守備フォーメーション編

メニュー 154

無死もしくは一死で走者一塁、ファーストゴロ

人数　グループ

時間　10分程度

ねらい　ファーストがラインよりも前で処理した場合、ショートも内側で処理する。外側で処理した場合は外側で処理する。

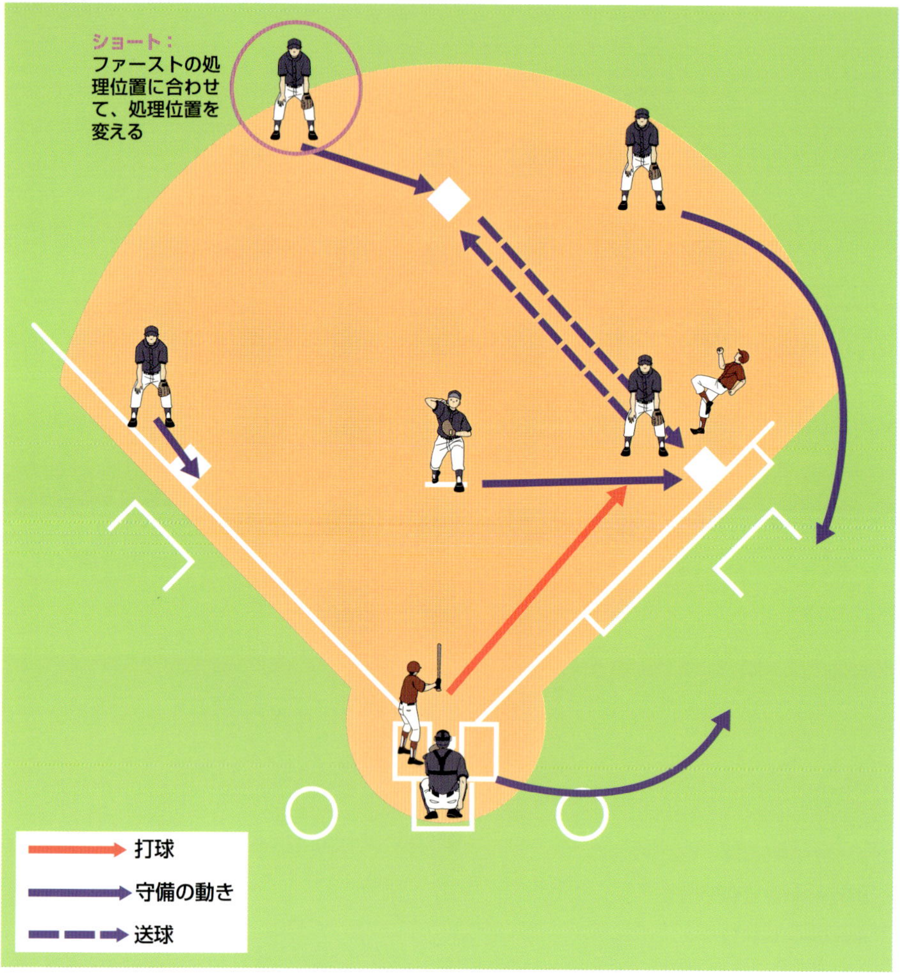
ショート：
ファーストの処理位置に合わせて、処理位置を変える
打球
守備の動き
送球

その他の守備

①ピッチャー　：打球を追った後は一塁のベースカバー
②キャッチャー：ショートの悪送球に備えて一塁のバックアップ
③ファースト　：送球後自分で入れるときは、一塁にもどる
④セカンド　：悪送球に備えて一塁のバックアップ
⑤サード　：三塁ベースカバー

守備フォーメーション編

メニュー155

無死もしくは一死で走者一塁、セカンドゴロ

人数 グループ

時間 10分程度

ねらい セカンドの定位置よりも二塁寄りで捕球したら、ショートにトスする。定位置より一塁寄りで捕球したら、通常通り送球する。

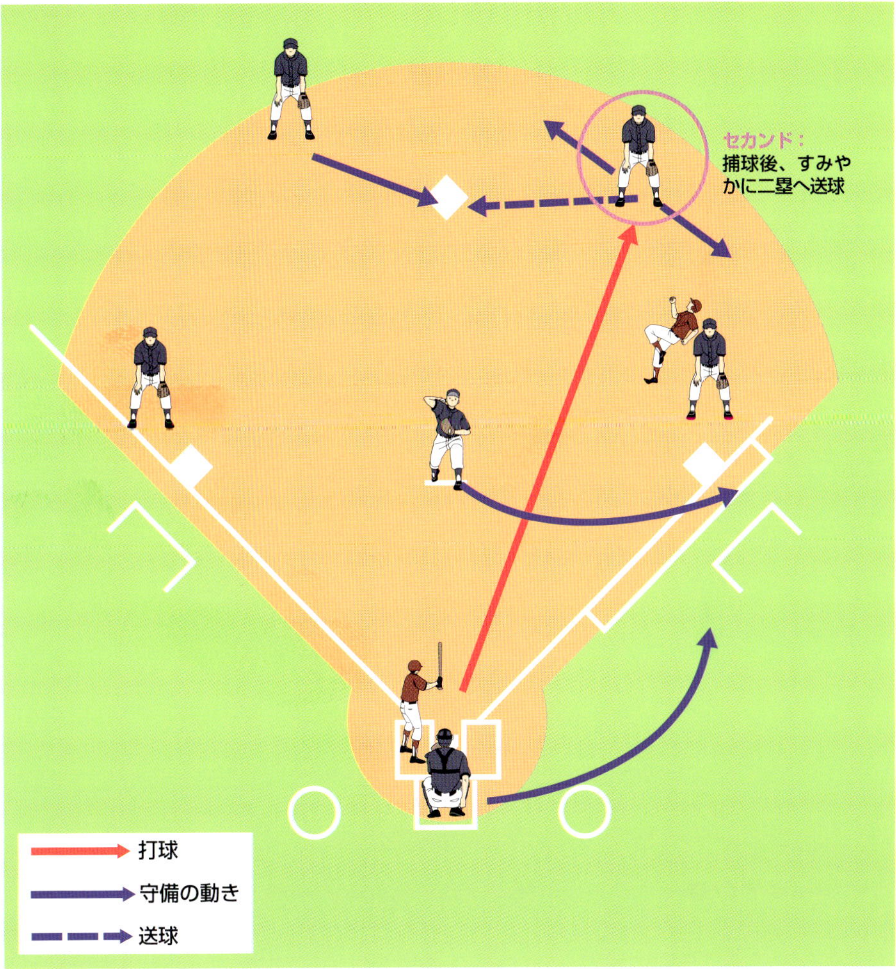

セカンド：
捕球後、すみやかに二塁へ送球
打球
守備の動き
送球

全体の守備

①ピッチャー　：一塁バックアップ
②キャッチャー：ショートの悪送球に備えて一塁のバックアップ
③ファースト　：一塁ベースカバー
⑤サード　　　：三塁ベースカバー
⑥ショート　　：セカンドからの送球を捕球後、ファーストへ送球

メニュー156 無死もしくは一死で走者一塁、ショートゴロ

人数　グループ

時間　10分程度

ねらい　ショートはセカンドの胸をねらって送球します。距離が近ければトスをします。

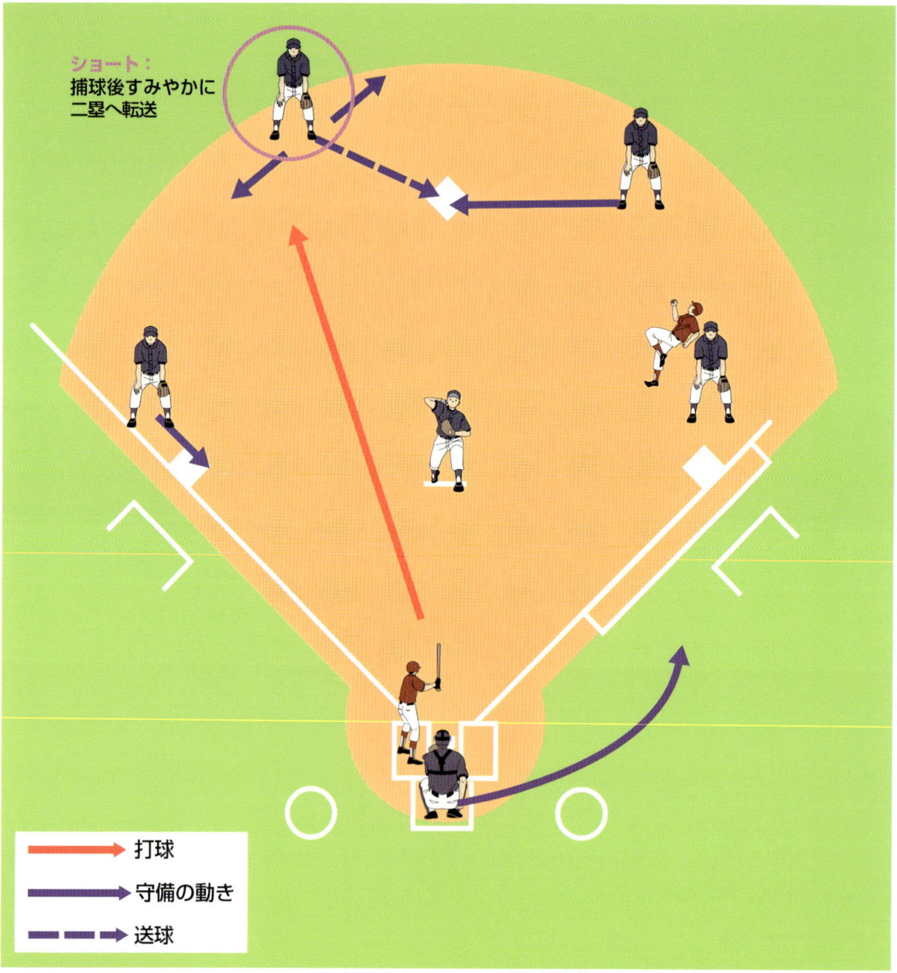
ショート：
捕球後すみやかに
二塁へ転送
打球
守備の動き
送球

全体の守備

①ピッチャー　：―
②キャッチャー：一塁のバックアップ
③ファースト　：一塁ベースカバー
④セカンド　：二塁ベースカバー、捕球後一塁に送球
⑤サード　：三塁ベースカバー

メニュー 157

無死もしくは一死で走者一塁、サードゴロ

人数　グループ

時間　10分程度

ねらい　ライン際の打球は、できるだけベースの前で捕球します。素早く捕球することで2つのアウトをねらいます。

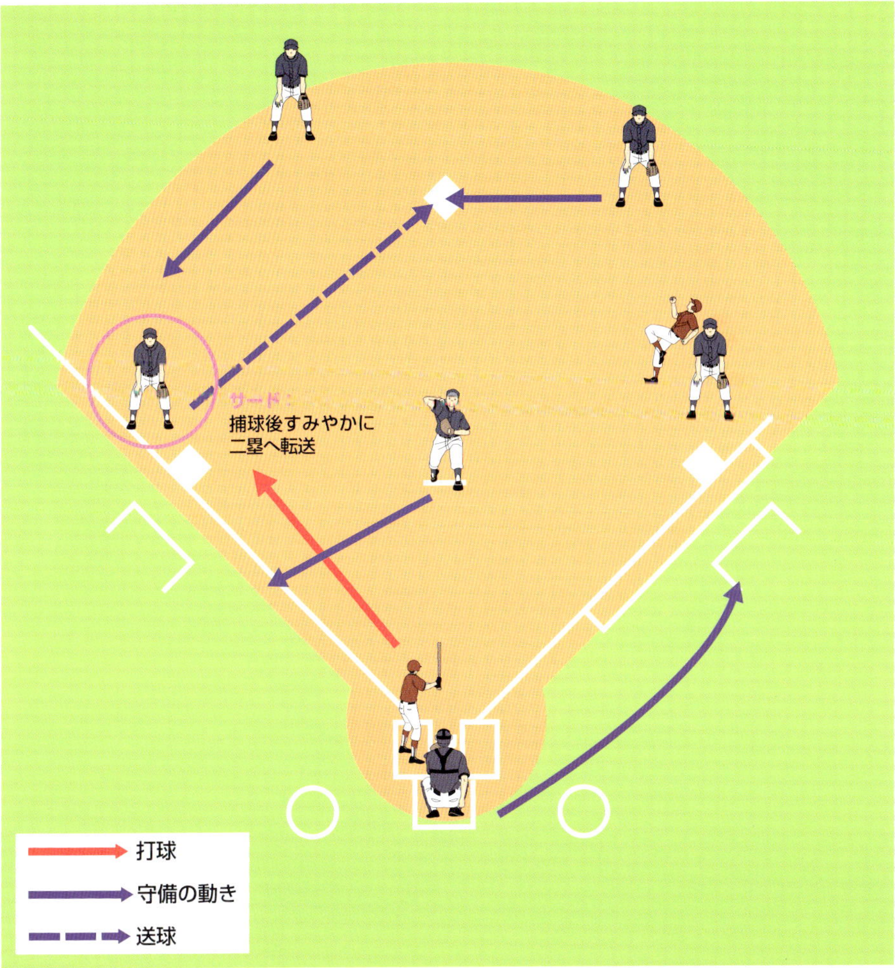
サード：
捕球後すみやかに
二塁へ転送
打球
守備の動き
送球

全体の守備

①ピッチャー　：打球を追った後は、エラーによるランナーの進塁に備える
②キャッチャー：一塁のバックアップ
③ファースト　：一塁ベースカバー
④セカンド　：二塁ベースカバー、捕球後一塁に送球
⑥ショート　：サードの打球処理をバップアップ

メニュー158 バントシフトの鉄則

人数 グループ

時間 10分程度

ねらい 無死で走者が一塁にいる場合は、バントの戦術は5つのパターンがあります。走者が一、二塁にいる場合、バントの戦術は4つのパターンがあります。それぞれに対してどのような守備をするかを練習します。

走者一塁の場合の、5つのバントシフト

A 基本（50%）
B ピックオフプレイ
C チャージ（100%）
D リターンけん制
E リターンシフト

A基本（50%）

Bピックオフプレイ

Cチャージ（100%）

Dリターンけん制

Eリターンシフト

走者一、二塁の場合の、4つのバントシフト

A 基本（50%）
B ピックオフプレイ
C チャージ（100%）
F バスター防止

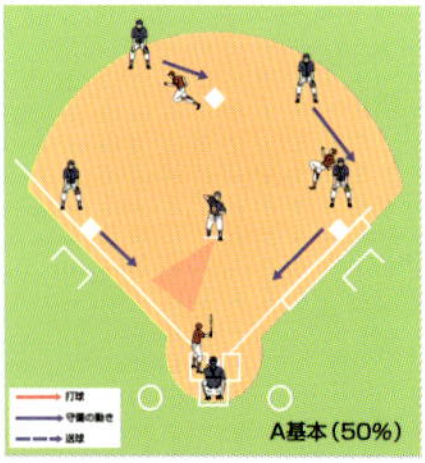

A基本（50%）

Bピックオフプレイ

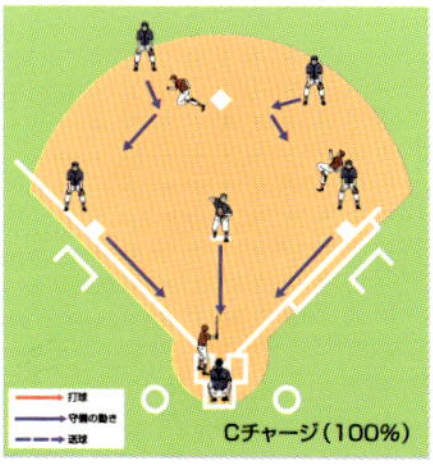

Cチャージ（100%）

Fバスター防止

メニュー 159 走者一塁のときの5つのサイン①

人数　グループ

時間　10分程度

ねらい　バントの確率が50％の場合の守備です。これがバントシフトの基本になります。

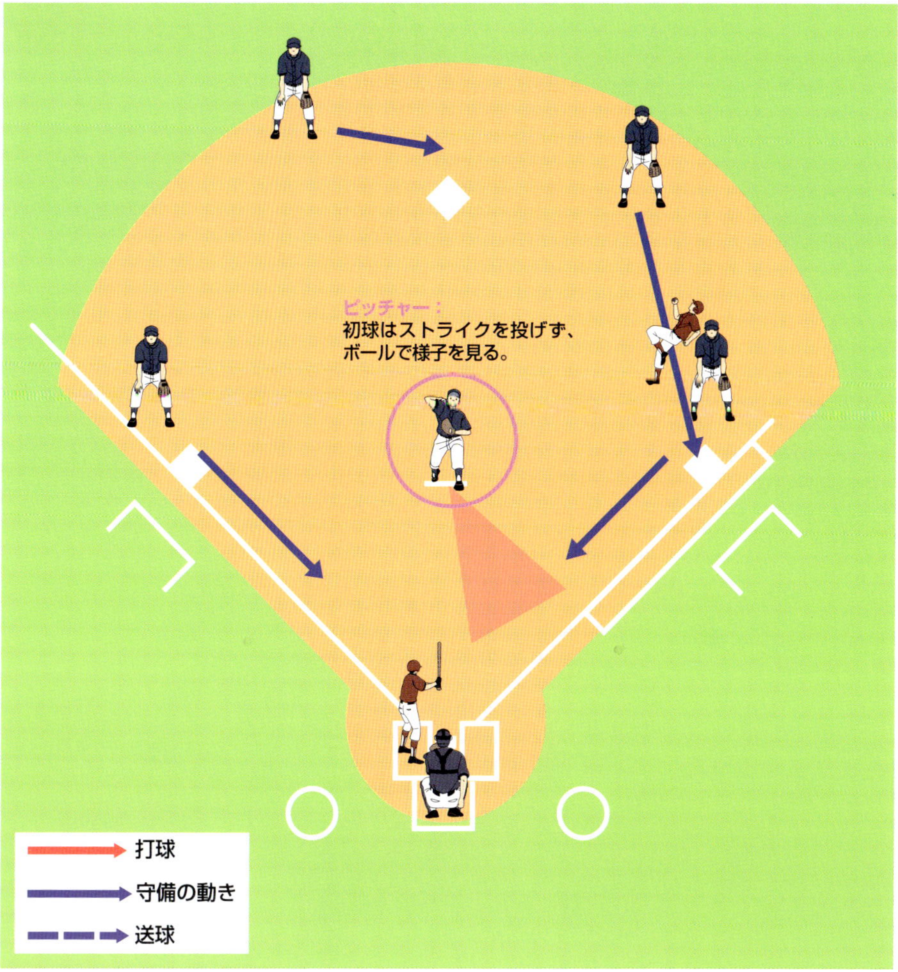
ピッチャー：
初球はストライクを投げず、
ボールで様子を見る。
打球
守備の動き
送球

全体の守備

②キャッチャー：野手への指示
③ファースト：バントの構えをしたら前進
④セカンド：一塁ベースカバー
⑤サード：バントの構えをしたら前進
⑥ショート：二塁ベースカバー

指導者MEMO

バントシフトには、次の5つがあります。
A．基本（50％）　B．ピックオフプレイ
C．チャージ（100％）　D．リターンけん制
E．リターンシフト

守備フォーメーション編

メニュー160 走者一塁のときの5つのサイン②

人数 グループ
時間 10分程度

ねらい 無死の場合に限り、この頁と次の頁の4つの選択肢もあります。

ピックオフプレイ
チャージのシフトでする、けん制プレーです。

全体の守備

③**ファースト：**
捕球のため前進
④**セカンド：**
一塁ベースカバー
⑤**サード：**
補球のため前進
⑥**ショート：**
二塁ベースカバー

メニュー161 走者一塁のときの5つのサイン③

チャージ（100%）
相手が100%バントをしてくる前提の守備です。一塁走者を二封するのが目的です。

全体の守備

①**ピッチャー：**
補球のため前進
③**ファースト：**
補球のため前進
④**セカンド：**
一塁ベースカバー
⑤**サード：**
補球のため前進
⑥**ショート：**
二塁ベースカバー

メニュー162 走者一塁のときの5つのサイン④

人数　グループ

時間　10分程度

ねらい　この頁のプレーも無死の場合に限ってできるものです。

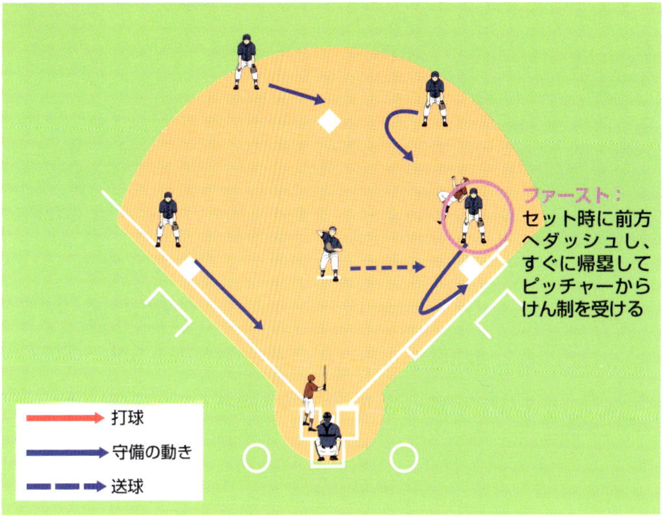
ファースト：
セット時に前方へダッシュし、すぐに帰塁してピッチャーからけん制を受ける
打球
守備の動き
送球

リターンけん制

ファーストが前進守備につくと見せかけて、一塁に戻り、けん制でアウトにします。

全体の守備

①ピッチャー：
一塁へけん制

②キャッチャー：
指示

④セカンド：
二塁に行くと見せかけて一二塁間（ランナー方向）

⑤サード：
補球のため前進

⑥ショート：
二塁ベースカバー

メニュー163 走者一塁のときの5つのサイン⑤

セカンド：
ダッシュで前進し捕球
打球
守備の動き
送球

リターンシフト

リターンけん制と見せかけて、ランナーのスタートを遅らせる守備です。

全体の守備

①ピッチャー：
一塁へけん制と見せかけてホームへ投げる

②キャッチャー：
指示

③ファースト：
メニュー162と同じ動きから前進

⑤サード：
捕球のため前進

⑥ショート：
二塁ベースカバー

メニュー164 走者一、二塁のときの4つのサイン①、(二塁も同)

人数　グループ

時間　10分程度

ねらい　走者一、二塁の場合は次の4パターンのバントシフトがあります。

ピッチャー：
ストライクを投げず、ボールで様子を見る。できれば投球後、一塁バックアップ
打球
守備の動き
送球

基本（50%）

全体の守備

②キャッチャー：
野手への指示
③ファースト：
補球のため前進
④セカンド：
一塁ベースカバー
⑤サード：
補球のため前進
⑥ショート：
二塁ベースカバー

メニュー165 走者一、二塁のときの4つのサイン②

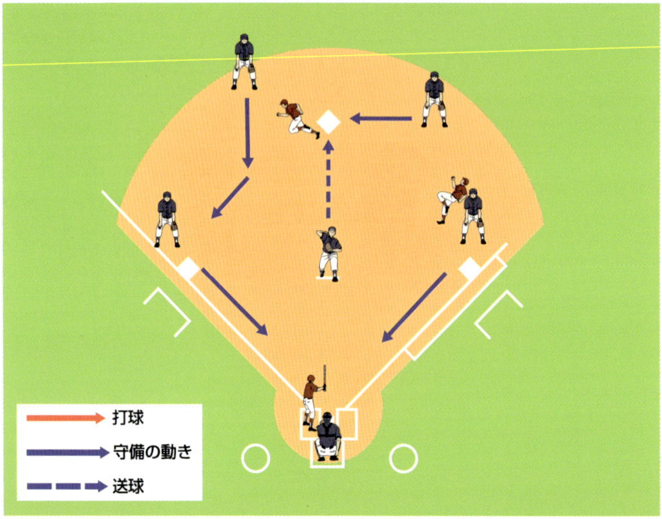
打球
守備の動き
送球

ピックオフプレイ

全体の守備

①ピッチャー：
けん制
③ファースト：
捕球のため前進
④セカンド：
二塁ベースカバーで、けん制を受ける
⑤サード：
捕球のため前進
⑥ショート：
二、三塁間へ入り、三塁ベースカバー

メニュー166 走者一、二塁のときの4つのサイン③、(二塁も同)

人数 グループ

時間 10分程度

ねらい このチャージは、走者を三塁で殺すシフトです。
二塁走者を三塁でアウトにする必殺のチームプレーなので、一度しか使えません。

ショート：
二塁へ入ると見せかけて、ランナーより先に三塁ベースカバーに入る
ピッチャー：
必ずストライクを投げ、100%バントをさせる。ショートがランナーを追い越したときに投球し、投球後は補球のため前進。必ず三塁へ投げる
打球
守備の動き
送球

チャージ（100%）

全体の守備

②キャッチャー：
指示をだす
③ファースト：
補球のため前進。捕ったら必ず三塁へ投げる
④セカンド：
二塁に行くと見せかけて一塁間ベースカバー
⑤サード：
補球のため前進。捕ったら必ず三塁へ投げる

メニュー167 走者一、二塁のときの4つのサイン④

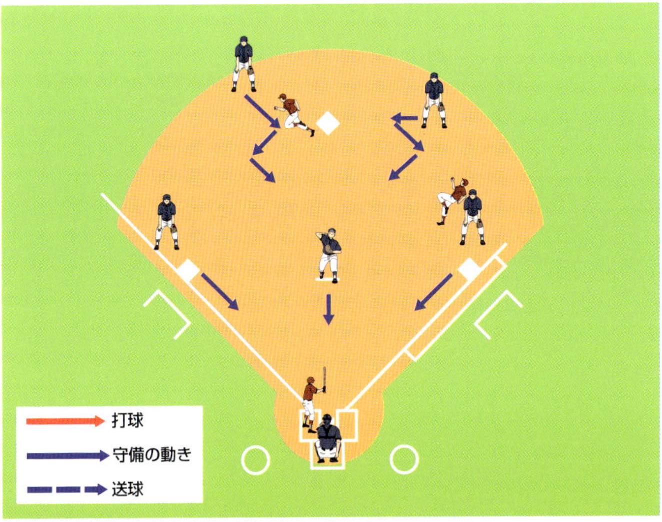
打球
守備の動き
送球

バスター防止
チャージと見せかけ、バッターがヒッティングに変えた場合の守備です。

全体の守備

①ピッチャー：
補球のため前進して止まる
②キャッチャー：
指示をだす
③ファースト：
補球のため前進して止まる
④セカンド：
二塁へ行くと見せかけて一塁走者の前方に入り、守備
⑤サード：
補球のため前進して止まる
⑥ショート：
二塁へ行くと見せかけて二塁走者の前方で、守備

守備フォーメーション編

メニュー168

ダブルスチール（走者一、三塁）を阻止する

人数　グループ

時間　10分程度

ねらい

ダブルススチールを阻止する方法には、次の４つのパターンがあります。①ピッチャー返し②二塁送球③三塁送球④ホールド（投げない）

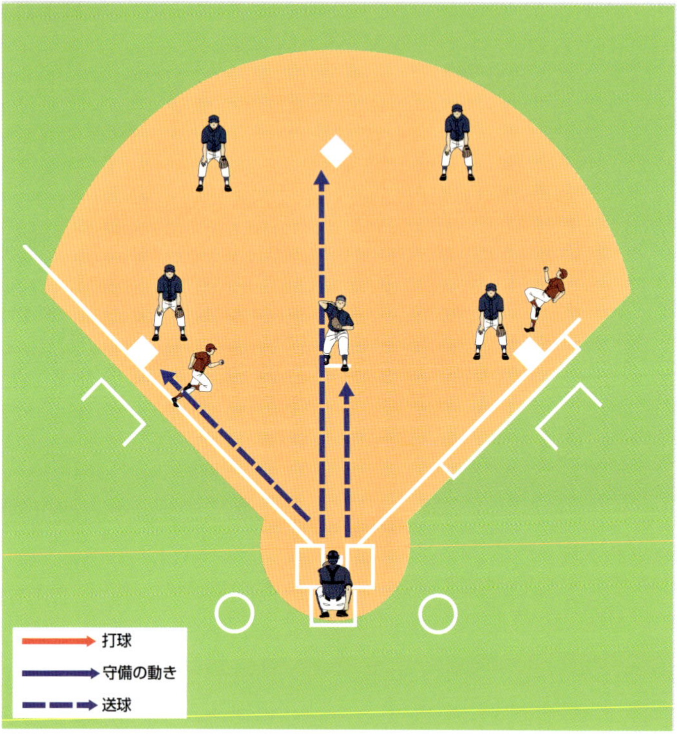

① ピッチャー返し
キャッチャーは、ピッチャーの左側へ、高めの送球をします。三塁走者がスタートを切ったら、ピッチャーが捕球してランダウン・プレーに持ちこみます。

② 二塁送球
盗塁阻止と同じように、走った一塁走者を二塁でアウトにします。三塁走者がスタートしたら、セカンドはベースの前にでて捕球し、本塁へ送球する。

③ 三塁送球
いきなり三塁へ送球し、相手の不意をついてアウトをとります。送球は、三塁走者とサードが重ならないよう、横にステップして投げます。

④ ホールド
2死一、三塁で弱打者の場合の戦術です。ダブルスチールを仕掛けてきてもボールは投げず、落ち着いて打者をアウトにしましょう。余計なプレーで危険をおかし、得点を許すことがないようにします。

メニュー169 走者一、三塁のランダウン

人数 グループ

時間 10分程度

ねらい 一塁ランナーをけん制でおびきだし、ランダウンに持ちこんだときのプレーです。三塁走者の動きに気をつけながら、できるだけ早くアウトにします。

セカンド：
ランナーとベースの距離に余裕がある場合に限り、二塁ベースの3、4m手前で捕球する
ショート：
二塁ベースに入る
打球
守備の動き
送球

全体の守備

①ピッチャー：一塁へけん制を投げ、一塁ベースカバーに入る
②キャッチャー：指示をだす
③ファースト：ランナーをはさむ

B
A

走者を挟んだら、走者が動かないのにBの選手が動いてはいけない。基本はボールを持っているAの選手が動く

守備フォーメーション編

メニュー170 シートノックで連携強化① 各ポジションからのダブルプレー①

人数 グループ

時間 10分程度

ねらい 基本的なシートノックを紹介します。
ここでは、セカンドゴロとサードゴロのときのダブルプレーの動きです。

送球の流れ

①セカンドが捕球し、二塁ベースに入ったショートへ送球。セカンドは送球後、二塁ベースの前に移動

②セカンドからのボールを捕球したショートは、ベースを踏んでファーストへ送球

③ファーストは、キャッチャーへ送球

④キャッチャーは、セカンドへ送球

⑤セカンドは、サードへ送球

⑥サードは、キャッチャーへ送球

送球の流れ

①サードが捕球し、二塁ベースに入ったセカンドへ送球。サードは送球後、三塁ベースへ移動

②セカンドは、ベースを踏んでファーストへ送球

③ファーストは、キャッチャーへ送球

④キャッチャーは、サードへ送球

⑤サードは、キャッチャーへ送球

メニュー 171

シートノックで連携強化②
各ポジションからのダブルプレー②

人数 グループ

時間 10分程度

ねらい ショートゴロとファーストゴロのときのダブルプレーの動きです。

重要なプレー
ショートはセカンドへトス。ただし二塁ベースから3、4mの距離であれば、直接二塁ベースを踏む
打球
守備の動き
送球
ショートゴロ

送球の流れ

①ショートが捕球し、二塁ベースに入ったセカンドへ送球。ショートは送球後、二塁ベースの前に移動

②ショートからのボールを捕球したセカンドは、ベースを踏んでファーストへ送球

③ファーストは、キャッチャーへ送球

④キャッチャーは、ショートへ送球

⑤ショートは、サードへ送球

⑥サードは、キャッチャーへ送球

打球
守備の動き
送球
ファーストゴロ

送球の流れ

①ファーストが捕球し、二塁ベースに入ったショートへ送球

②ショートは捕球し、二塁ベースを踏んでファーストへ送球

③ファーストは、サードへ送球

④サードは、キャッチャーへ送球

メニュー172 シートノックで連携強化③ 各ポジションから一塁へ送球後ボール回し①

人数　グループ

時間　10分程度

ねらい セカンドゴロとサードゴロをファーストへ送球した後のボール回しの一例です。

送球の流れ

①セカンドが捕球後、ファーストへ送球。セカンドは送球後、二塁ベースへ移動

②ファーストは、キャッチャーへ送球

③キャッチャーは、セカンドへ送球

④セカンドは、サードへ送球

⑤サードは、キャッチャーへ送球

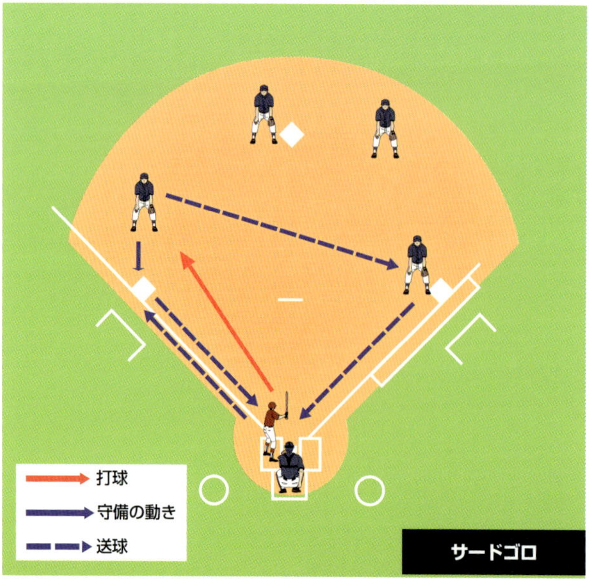

送球の流れ

①サードが捕球後、ファーストへ送球。送球後、三塁ベースへ移動

②ファーストは、キャッチャーへ送球

③キャッチャーは、サードへ送球

④サードは、キャッチャーへ送球

メニュー173 シートノックで連携強化④ 各ポジションから一塁へ送球後ボール回し②

人数　グループ

時間　10分程度

ねらい　ファーストゴロとショートゴロをファーストへ送球した後のボール回しの一例です。

送球の流れ

①ファーストは、セカンドへ送球後、一塁ベースへ移動

②ショートは二塁ベースへ入り捕球。その後、ファーストへ送球

③ファーストは、キャッチャーへ送球

送球の流れ

①ショートは捕球後、ファーストへ送球。送球後、二塁ベースへ移動

②ファーストは、キャッチャーへ送球

③キャッチャーは、二塁ベースに入ったショートへ送球

④ショートは、サードへ送球

⑤サードは、キャッチャーへ送球

メニュー174

シートノックで連携強化⑤ 外野の各ポジションから二塁へ送球

人数　チーム

時間　3分程度

ねらい　**外野の各ポジションから、カットマンを入れて二塁へ送球する流れです。**

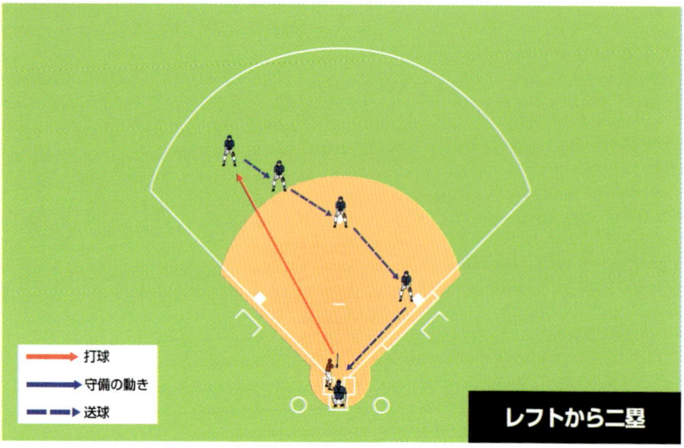

送球の流れ

①レフトは捕球後、二塁へ送球。その際、間に入ったカットマンのショートを目がけて投げる

②ショートはカットマンに入り、送球がそれた場合には捕球し、二塁へ投げる

③セカンドは二塁で、ファーストへ送球

④ファーストは、キャッチャーへ送球

送球の流れ

①センターは捕球後、二塁へ送球。その際、間に入ったカットマンのショートを目がけて投げる

②ショートはカットマンに入り、送球がそれた場合には捕球し、二塁へ投げる

③セカンドは二塁で捕球後、サードへ送球

④サードは、キャッチャーへ送球

送球の流れ

①ライトは捕球後、二塁へ送球。その際、間に入ったカットマンのセカンドを目がけて投げる

②セカンドはカットマンに入り、送球がそれた場合には捕球し、二塁へ投げる

③ショートは二塁で捕球後、サードへ送球

④サードは、キャッチャーへ送球

メニュー 175

シートノックで連携強化⑥ 外野の各ポジションから三塁へ送球

人数　チーム

時間　3分程度

ねらい　外野の各ポジションから、カットマンを入れて三塁へ送球する流れです。

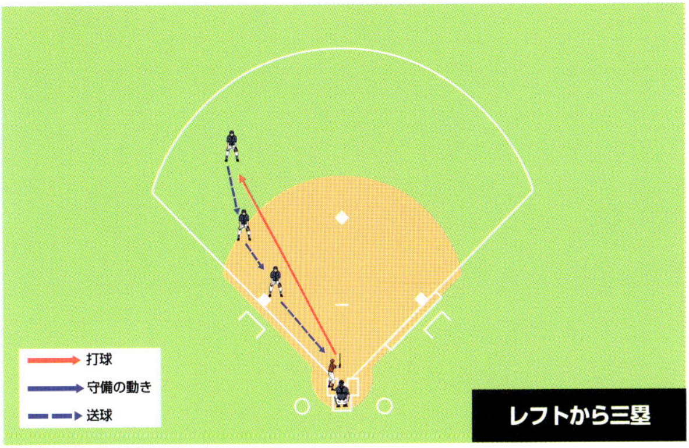

送球の流れ

①レフトは捕球後、三塁へ送球。その際、間に入ったカットマンのショートを目がけて投げる

②ショートはカットマンに入り、送球がそれた場合には捕球し、三塁へ投げる

③サードは三塁で、キャッチャーへ送球

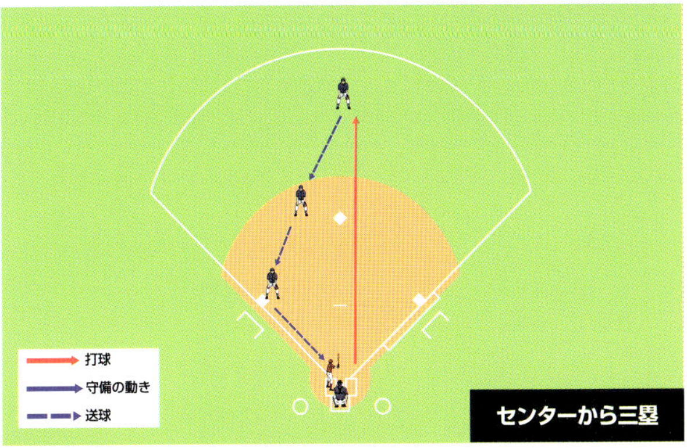

送球の流れ

①センターは捕球後、三塁へ送球。その際、間に入ったカットマンのショートを目がけて投げる

②ショートはカットマンに入り、送球がそれた場合には捕球し、三塁へ投げる

③サードは、キャッチャーへ送球

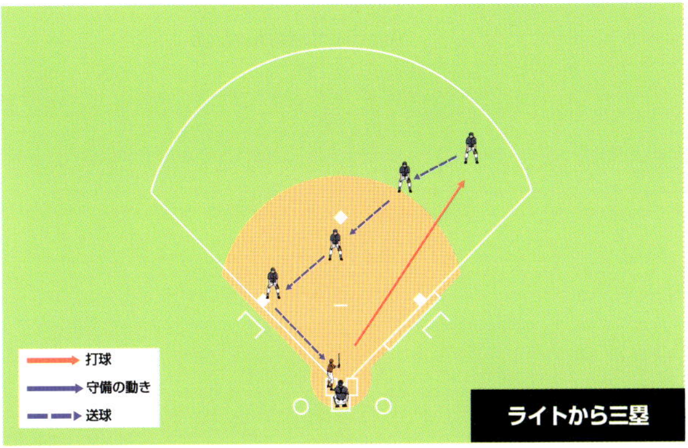

送球の流れ

①ライトは捕球後、三塁へ送球。その際、間に入ったカットマンを目がけて投げる

②セカンドとショートはそれぞれ、ライトと三塁ベースを結んだ直線上に、カットマンで入る

③セカンドとショートは、送球がそれたり、球威が弱まった場合に中継し、三塁へ投げる

④サードは、キャッチャーへ送球

メニュー176 シートノックで連携強化⑦ レフトから本塁へ送球し、ボール回し

人数 チーム

時間 10分程度

ねらい レフトから本塁への返球と、カットマンの動きを確認します。

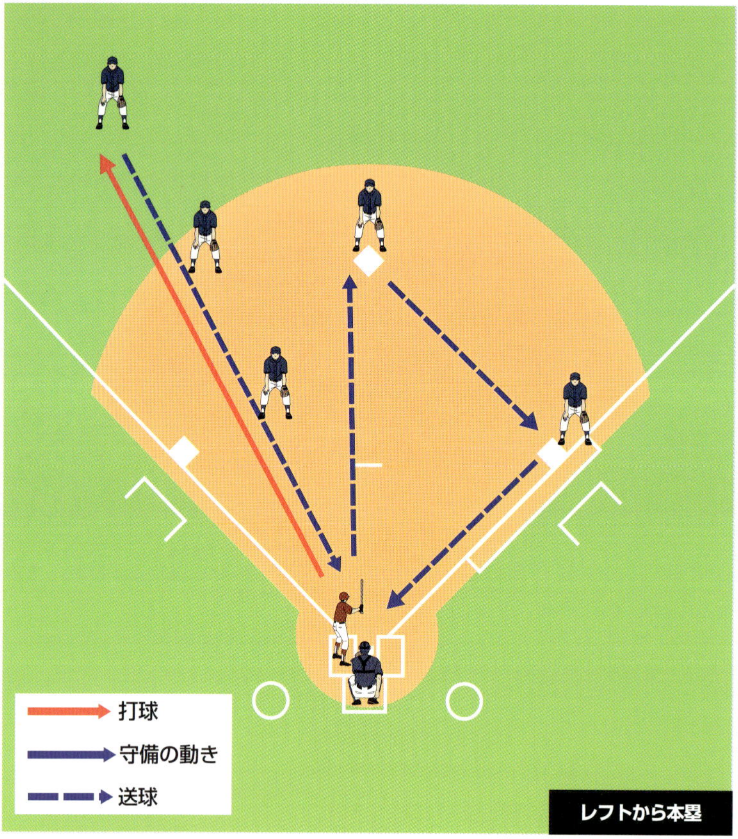

送球の流れ

①レフトは捕球後、本塁へ送球。その際、間に入ったカットマンのサードを目がけて投げる

②サードはカットマンに入り、送球がそれた場合には捕球し、本塁へ投げる

③キャッチャーは本塁で捕球後、セカンドへ送球

④セカンドは二塁で捕球後、ファーストへ送球

⑤ファーストは捕球後、キャッチャーへ送球

発展練習 Development practice ノックの打ち分け

ばくぜんとレフト方向へ打つのではなく、フライや左右へのゆさぶり、線上など、方向や強さに変化をつけます。その際に捕球する選手より、カットマンの動きに注目してください。カットマンがレフトや打球との位置関係を、考えて動かす練習になります。

指導者の知恵袋 ランナーを想定した送球をさせる

シートノックのように、個々の選手の役割が決まった練習では、ともすれば淡々と捕球と送球をつなげるだけになってしまいます。常にランナーが走っていることを想定し、ランナーと送球先の選手が一直線上にならないことや、ランナーのスライディングをかわして送球など、ゲームのシーンをイメージさせてください。

メニュー 177

シートノックで連携強化⑧ センターから本塁へ送球し、ボール回し

人数 チーム

時間 10分程度

ねらい センターから本塁への返球と、カットマンの動きを確認します。

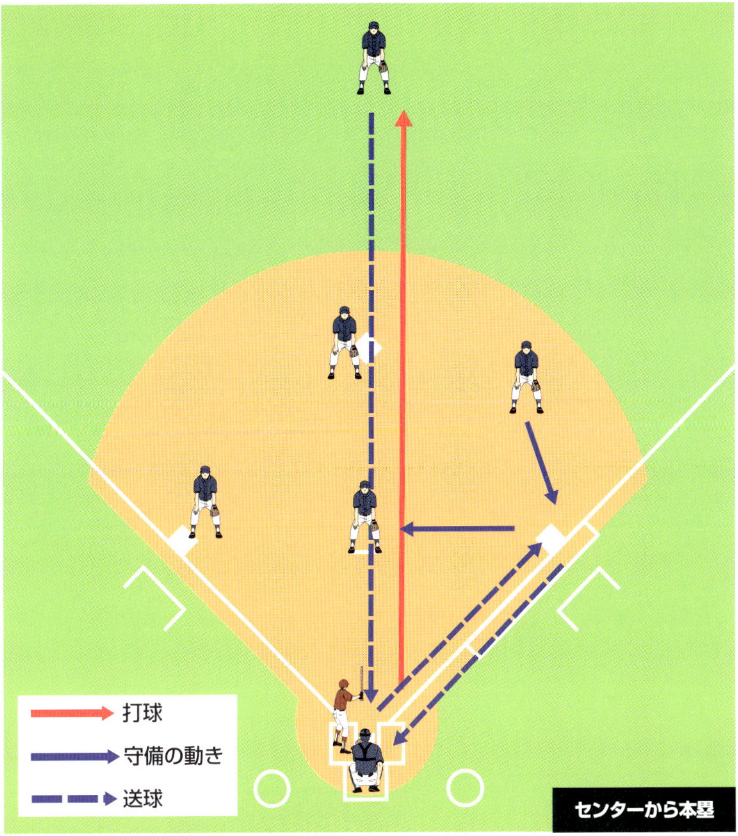

送球の流れ

①センターは捕球後、本塁へ送球。その際、間に入ったファーストを目がけて投げる

②ショートは二塁ベースに入り、送球が大きくそれた場合にのみ捕球し、本塁へ投げる

③ファーストはセンターからの送球を捕球後、キャッチャーへ送球

④キャッチャーは一塁へ入ったセカンドへ送球

⑤セカンドは捕球後、キャッチャーへ送球

指導者の知恵袋 太陽光はグローブでカット

一昔前、プロ野球に「太陽安打」という言葉があったほど、頻繁に起きるのが、フライが太陽と重なること。こうなった場合、グローブで太陽光を遮りながら追うことと、太陽を直視しないよう、視線をはずしてぼんやりと見ると、ボールを見失いにくくなります。

NG例 ステップ&スローの乱れは、返球の乱れ

強肩でも送球が乱れたり、遠くに投げられない選手を見かけます。これはステップとスローのタイミングが合っていない場合に多いです。ダッシュして捕球すると、体勢が崩れますが、その体勢を立て直さないで投げるとこうなります。捕球後、体勢を立て直すクセをつけさせるとよいでしょう。

メニュー178 シートノックで連携強化⑨ ライトから本塁へ送球し、ボール回し

人数 チーム

時間 10分程度

ねらい ライトから本塁への返球と、カットマンの動きを確認します。

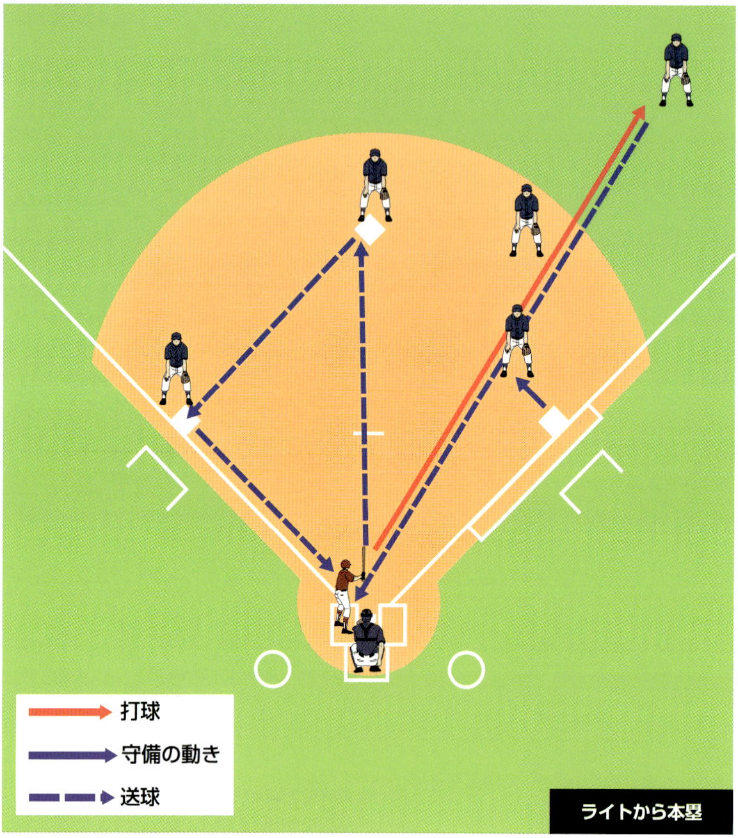

送球の流れ

①ライトは捕球後、本塁へ送球。その際、間に入ったファーストを目がけて投げる

②ファーストはライトと本塁の直線上に、カットマンとして入る。ライトからの送球を捕球後、キャッチャーへ送球

③キャッチャーは二塁へ入ったショートへ送球

④ショートは捕球後、三塁へ入ったサードへ送球

⑤サードは、キャッチャーへ送球

指導者の知恵袋 ノックでは、右側に切れる打球を打つ

ライトへの打球は、右側に切れることが多いのです。その打球の質の違いを、普段から教えておくことが大事です。ノックでもライト方向に体を向けて打つのではなく、右側に切れていく回転をかけることが、指導者に必要なノックの技術です。

NG例 振り返り方を知らず、打球を見失う

自分を超えていきそうな打球の場合、1歩目のスタートが肝心です。右側にターンするときは右足を、左側にターンするときは左足を、真後ろに引けば、自然なターンができます。このとき、ターンと同時に首を打球に向けると、一瞬にして打球を捉えられます。

メニュー179

シートノックで連携強化⑩ キャッチャーゴロからのボール回し

人数 グループ

時間 10分程度

ねらい キャッチャーが打球を処理すると同時に、ピッチャーが大きな声で、次の動作の指示をします。

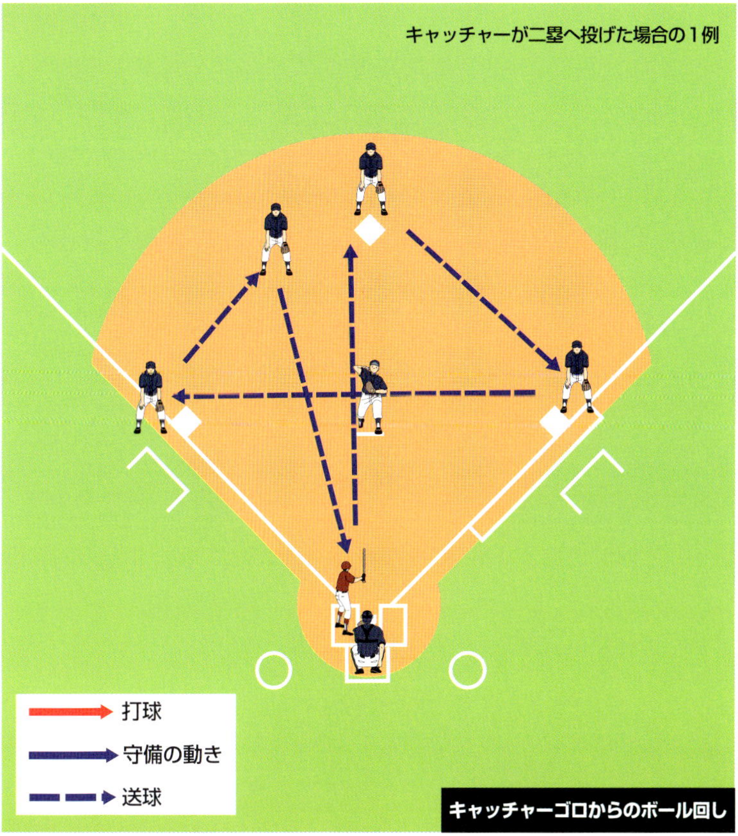

送球の流れ

①キャッチャーは捕球後、ピッチャーの指示に従って二塁へ送球

②セカンドは、一塁へ送球。

③ファーストは、三塁へ送球

④サードはショートへ送球

⑤ショートはキャッチャーへ送球

指導者の知恵袋 キャッチャー頼りのチームから脱皮する

打者と同じ方向を向いているキャッチャーは、守備側の司令塔です。ですが、常にキャッチャー1人に頼っていては、キャッチャーがプレーをしている際に指示ができません。常にキャッチャーの指示を復唱させたり、練習中に指示役を変えるなどして、全員が同時に状況を把握し、指示できる選手になることが理想です。

NG例 腰を浮かせてボールを追い、送球

低い姿勢を保っているキャッチャーが腰を浮かせると、視線の高さが変わってボールが見にくくなったり、移動が遅れたり、送球に大事なステップ&スローの体勢が作れなくなります。メニュー79（P117）の練習のように、常に低い姿勢での移動と送球を意識させてください。

メニュー 180

シートノックで連携強化⑪ 走者一、三塁、一塁側へのファールフライ

人数　グループ

時間　10分程度

ねらい　ランナーは2人ともタッチアップする可能性があります。フライを捕ったら走者につられて二塁に送球せず、カットマンのピッチャーへ送球することが大切です。

全体の守備

①**ピッチャー：**
フライが上がった方のベースに走る。一塁2m手前へ走りカットマンとなる

②**キャッチャー：**
本塁ベースカバー

③**ファースト：**
フライを捕球し、ピッチャーへ送球。走者につられて二塁ベースに送球しないこと。

④**セカンド：**
フライを追い、一塁ベースカバーに入る

⑤**サード：**
三塁ベースカバー

⑥**ショート：**
二塁ベースカバー

指導者の知恵袋　まずはピッチャーに

このような状況は、頻繁にあるわけではありません。練習経験が少ない場合には、なかなか対処ができないでしょう。その場合、最低限しなければならないのは、得点の阻止です。そのためにはできるだけ早く、ピッチャーにボールを返すことが必要です。

NG例　トリッキーにつられて失点

強いチームは、このような状況でトリッキーな動きを仕掛けてきます。二塁への送球を誘うために、一塁ランナーが大げさなスタートを切ったり、三塁ランナーがダッシュのふりをしたり。このような場合、失点を防げたらよしとしましょう。欲張らなければ、トリッキーなプレーに引っかかりにくくなります。

メニュー181

シートノックで連携強化⑫
走者一、三塁、三塁側へのファールフライ

人数　グループ

時間　10分程度

ねらい
一塁側へのファールフライと同様、フライを捕ったら走者につられて二塁に送球せず、カットマンのピッチャーへ送球することが大切です。
ランナー2人はタッチアップ体制です。

全体の守備

①ピッチャー：
フライが上がった方のベースに走る。三塁2m手前へ走りカットマンとなる

②キャッチャー：
本塁ベースカバー

③ファースト：
一塁ベースカバー

④セカンド：
二塁ベースカバーに入る。ランダウンプレーに備える

⑤サード：
フライを捕球し三塁ベースカバーに入る。ピッチャーへ送球。走者につられて二塁ベースに送球しないこと。

⑥ショート：
サードと同様

発展練習 Development practice

いちばん多いエラーは、悪送球

いちばん多いエラーは悪送球です。高校野球でも80%がこれです。特に、全員がカバーなどのプレーに全力で動いている場面では、このようなミスが起こりやすくなります。反復練習も大事ですが、相手の捕りやすい位置へ投げる基本を、徹底させてください。

指導者の知恵袋

やられてイヤなプレーは、やり返す

強いチームのミスを誘うプレーや、ミスを見逃さないプレーは、見事としかいいようのない時があります。このようなプレーを目の当たりにしたら、自分のチームにも取り入れてみてはいかがでしょうか？自分たちができれば、対処法も身につきやすくなります。

Column About the Baseball

指導者のためのコラム

思い出に残るフォーメーションプレー

指導者と選手の信頼関係のお手本

フォーメーションプレーは、信頼関係があって成功するものです。状況を判断して作戦を予測し、フォーメーションを考え、チーム全員が自分の役割で動かなければいけません。また、どれだけ自分のチームを信頼しているかも大切です。どれかが欠けてもフォーメーションプレーは成功しません。

私が、強く思い出に残っているフォーメーションプレーは、1965年以降、V9の偉業をなしえた時代の巨人のプレーです。

昭和47年（1972）の日本シリーズ・対阪急第4戦で、このような場面が訪れました。巨人は2点をリードし、9回表で阪急の攻撃。カウントは無死1、2塁。巨人の内野陣は、ファースト王選手、セカンド土井選手、ショート黒江選手、サード長嶋選手。コーチは、V9巨人の頭脳と言われたコーチである牧野コーチ。このとき、牧野コーチはサインに迷い、マウンドに内野手を集めて意見を聞いたのです。「バッターは打ってきますよ」という選手の声に従い、そのフォーメーションを指示した結果、バッターはその通り打ち、ゲッツーでアウトになりました。

日本一の作戦参謀と言われた牧野コーチでさえ判断に迷うことがあり、そのときは選手に意見を聞くほどチームを信頼していたのです。これこそが、指導者と選手の在り方のお手本だと思います。

ミスした選手を代えるか、そこに打たせたピッチャーを代えるか

大リーグで逸話の多いケーシー・ステンゲル監督の話ですが、エースが投げていた試合で、ショートが続けて2つのエラーをしました。エースがマウンド上で怒ったので、ステンゲル監督はマウンドに行き「おまえはエースならショートへ打たせるな、お前が悪い」と言い、そのエースを交代させたことがありました。

一方、私が現役のとき、これとは全く逆のエピソードがあります。私が入団二年目。セカンドを守っていました。マウンドは400勝投手の金田正一投手、4番打者の痛烈な当たりを私は見事なトンネル。金田さんは怒り、川上監督に「あんなのが捕れないやつはプロではない、代えてくれ」と言いました。私はその日以来、多摩川暮らしとなりました…。コーチの判断も難しいものですね。

ウォーミングアップと
フィジカルトレーニング編

ケガの予防や技術の向上には、これらがかかせません。
ここでは最低限するとよい、やり方の一例を紹介します。

練習前、試合前のウォーミングアップ

どのようなスポーツでも、ウォーミングアップやクールダウンが必要です。ここでは、大リーグのロサンゼルス・ドジャースが行っていたウォーミングアップを紹介します。なお、時間や回数は、プロ野球選手の場合です。自己判断により、多いと感じた場合には、減らしてもかまいません。

目　的

① 体温を上げる
② 筋肉への血流を増やし、筋の柔軟性を高める
③ 障害の危険を減らす

効　果

① 筋の収縮スピードの増加
② 最大の酸素の消費と、乳酸の蓄積の減少をフォローする細胞の新陳代謝を高める
③ 血流の抵抗を減少する肺の循環機能がアップする

ウォーミングアップの方法

パッシブとアクティブの2つの方法

①パッシブ・ウォーミングアップ
運動前に身体の特定部分を温める（ホットパック、ホットシャワーなど）
例）肩を傷めた選手は、練習前に温シャワーを20分浴びる

②アクティブ・ウォーミングアップ（ジェネラルとスペシフィック）
ジェネラル…身体全体を温める（効果は30分ほど）
例）歩行、スロージョグ
スペシフィック…特定筋群や、特定の活動の補助
例）スイング、ボール投げ

重要事項

①体温上昇のために行なう
②局所よりも身体全体を温める
③ストレッチングと弛緩運動が含まれる
④アスレティック、パフォーマンスを十分改善すると同時に、筋の痛みと障害を防ぐため

肩に痛みのある人のウォーミングアップ例

①20分温シャワー（パッシブ）
②関節ストレッチ
③体操で個々の筋肉を温める（アクティブ）
④ゆっくりと軽いスローイング
※5〜10分の歩行、15〜20分のスロージョグを含める

柔軟性とは関節可動域全域に四股を動かす能力

◎目的
障害の危険性を減少させる

◎重要事項
①強制的な痛みに対して、ストレッチングのフィーリングを大切に
②練習の前後に毎日行なう

メニュー182 【頭と首】頭と首の回旋

ねらい **頭と首のストレッチです。首周りをほぐすと脳への血流が良くなり、思考力もアップします。**

頭を大きく
左右に振る

伸びているところを
意識する

やり方

①足を肩幅に開いて立つ

②ゆっくりと頭を左右に振る

③反対方向に回す

④各方向に10回ずつ繰り返す

指導者MEMO
ゆっくりと大きく頭を左右に振ります。首の周りを順々に伸ばしていく感じです。伸ばしている箇所を意識してください。

メニュー183 【頭と首】肩すぼめと回旋

ねらい **首周りから肩にかけてのストレッチです。「力を抜く、入れる」といったメリハリをつけましょう。**

肩を真上に
引き上げる

前後に回す

やり方

①両肩を体側に置いて立つ

②両肩をまっすぐ上に持ち上げ、前方に10回、後方に10回動かします。

指導者MEMO
首の周りの筋肉を収縮させて肩を引き上げ、前後に回します。前に回すには肩の前方に力を入れます。一方、後方に回すには肩の後ろ側に力を入れましょう。

メニュー184 【肩】腕の回旋（ヒジと腕全体）

ねらい **肩の柔軟は内転・外転、屈曲・伸展、内旋・外旋という３つの動きに集約されます。まずは、内旋・外旋で、肩を大きく回しましょう。**

腕を水平にし、
両肩に指先を置く

ヒジを中心に
大きく回す

やり方

ヒジを回す

①腕を90度に上げヒジを曲げて立ち、指先を両肩に置く

②両ヒジを前方に10回、続いて後方に10回動かす

③アームスイングができるようになるまで徐々に大きく回していく

④各方向に10回ずつ回す

腕を真横に開き、
腕のラインをまっすぐにする

指先で円を描くように、
腕全体を回す

やり方

腕全体を回す

①腕を90度に上げ、地面と平行にする

②腕を前方に10回、続いて後方に10回動かす

③各方向に10回ずつ回す

指導者MEMO

ヒジ、もしくは指先が大きく円を描くように回します。後ろ側に動かないことが多いので、肩甲骨を引くように後ろへ動かし、大きく回しましょう。

メニュー185 【肩】ぶら下がり

ねらい 肩周りの屈曲・伸展に加えて、強化を図ります

指先を、
バーや固定物にかける

肩を平行にしたまま
ぶら下がる

やり方

①両腕を伸ばしたよりも少し高いバーや固定物を使う

②踏み台を使ったり、飛び上がってバーにぶら下がる

③20～30秒間ぶら下がり、2回繰り返す

指導者MEMO
ぶら下がる前に、バーが高すぎたり、下に物がないことを確認してください。着地時の思わぬケガを防ぎましょう。

メニュー186 【肩から手首】手首を上下にして、腕全体を伸ばす

ねらい 手首を中心に、腕全体の筋肉を伸ばします。指先を上下に向けきることが大事です。

足を肩幅程度に開き、
両手を前方に伸ばす。
手のひらを正面に向ける

手の甲を
正面に向け
腕の筋肉を伸ばす

やり方

①足を肩幅より少し開いて立つ

②両手を前に伸ばす

③両手首を真上に向け、腕全体が伸びたら10秒間キープする

④両手首を真下に向け、腕全体が伸びたら10秒間キープする

指導者MEMO
手首を限界まで曲げると、はじめて腕全体の筋肉が伸びます。

メニュー 187

【肩】肩の内転と外転（スカイリーチシリーズ）

ねらい 腕を前後から上げることで、肩の回転を促し可動域を広げます。

両腕を組み、
手のひらを上に向ける

真上に
両腕を伸ばす

後ろで
両手を組む

腰を曲げ、
できるだけ高く両腕を持ち上げる

やり方

①両腕を組み、頭上にまっすぐ腕を伸ばして立つ

②両ヒジを伸ばし、天井に手のひらを向け、押し上げるようにする

③10～20秒間真上に伸ばし、腕を下げる

④後ろで両手を組み、腰を曲げてできるだけ高く両腕を持ち上げる

⑤10～20秒間キープする

指導者MEMO

腕を真上に上げるときには、肩を身体の真横にキープしてください。後ろから腕を上げるときには、左右の肩甲骨を引き寄せるようにして腕を引き上げましょう。

メニュー188 【肩】肩の屈曲と伸展①（クロスオーバーアーム）

ねらい 肩周りの屈曲・伸展に加えて、強化を図ります。

胸の前にだした
右腕の肩辺りを左手で持つ

左肩へ
右腕を引きつける

やり方

①直立し、胸の前に右腕をだし、左肩の近くに右手を置く

②左手を右ヒジのすぐ上に置き、左肩の方向に右腕をゆっくりと引きつける

③できるだけ肩の近くに引きながら10～20秒キープする

④反対側の腕も同様にする

指導者MEMO 肩の柔軟を高めることで、パフォーマンスを向上させるばかりでなく、ケガを予防する効果があります。時間をかけてゆっくりと行ないましょう。

メニュー189 【肩】肩の屈曲と伸展②（コーナーストレッチ）

ねらい 肩の前側を伸ばすストレッチです

腕を90度に曲げ、
壁に寄りかかる

コーナーに
身体を近づける

やり方

①壁のコーナーの両サイドに、肩の高さに腕を置く

②腕を90度に曲げて、壁に身体を近づける

③快適な状態で壁に寄りかかる

④10～20秒キープする

指導者MEMO 胸を開くように肩の前側を伸ばし、肩甲骨を寄せるように肩の後ろ側を絞ります。大きく息を吐きながら壁に近づいていきましょう。

メニュー 190 【上半身】身体の側屈

ねらい 体側を伸ばすストレッチです。あばら骨の間隔を広げるように脇を伸ばします。

足は肩幅程度に開き、
手を腰に置く

真横に
身体を曲げていく

やり方

①肩幅に足を開いて立ち、手は腰に置く

②前に傾かないように、右の方向に上体を曲げる

③元に戻し、反対側に曲げる

④10回繰り返す

指導者MEMO

最初から一気に曲げずに、徐々に大きく曲げていきましょう。ゆっくり体側を伸ばすことで可動域を広げていきます。

メニュー 191 【上半身】身体の回旋

ねらい 背中周りをほぐすストレッチです。

頭の位置を腰の真上にして、
上体を左側へ回す

同じように、
右側へ回す

やり方

①足を肩幅に開き、両手を頭の後ろに組んで立つ

②右側へ上体をひねる

③元へ戻して、左側へひねる

④10回繰り返す

指導者MEMO

骨盤がねじれないように注意します。上体だけを左右にひねりましょう。背骨を中心にヘソ周りをねじるように意識します。

メニュー192 【上半身】バックアーチ

ねらい 背中全体を伸ばします。

四つんばいになり、息を吐きながら
お腹とお尻をしめる

息を吸いながら
背中を丸める

やり方

①四つんばいになり、両ヒザは10ｃｍほど開きお尻の真下に、両腕は肩の真下に置く。

②頭を前方にして、お腹とお尻の筋肉を収縮させて息を吐く。この姿勢を5秒間キープ。

③息を吸いながらおへそをのぞき込むように頭を下げ、背中にアーチを作る。この姿勢を5秒間キープする。

④5～10回繰り返す

指導者MEMO
背骨の感覚を広げるように、背中全体を丸くしましょう。背中の中心を天井に近づけるように突き出します。

メニュー193 【上半身】その場ランニング

ねらい 瞬発力と持久力をあげる練習です。

ヒザを上げて
その場で走る

両腕は、
大きく前後に振る

やり方

①できるだけヒザを高く上げて、その場でランニングをする

②両腕は前後に大きく振る

③3･~5分間続ける

指導者MEMO
腕を前後に大きく振ることでモモ上げを促します。ヒザを高く上げようとするあまり、上体が後ろに反らないように注意してください。

メニュー194 【手首と足首】手首と手の回旋

ねらい 手首をほぐすストレッチです。

腕を
前に伸ばす

両手を同時に、
同じ方向へ回す

やり方

①両腕を前方に伸ばして立つ

②ゆっくりと両手、両手首を時計方向に回す

③次に、反対方向へ回す

④各方向10回繰り返す

指導者MEMO

一番使う部位にも関わらず、あまり重視していない選手や指導者が多いようです。手首は充分に時間をかけてほぐしてください。

メニュー195 【手首と足首】ヒザと足首の回旋

ねらい ヒザと足首を動かすストレッチです。足首をやわらかく使いましょう。

足元が動かないように、足の親指を重ねる

ヒザを回す。一定回数後、逆方向にも回す

やり方

①前かがみになりヒザを少し曲げ、両手を両ヒザに置く

②手でヒザを時計方向に回す

③次に、反対側へ回す

④各方向に10回ずつ回す

指導者MEMO

ヒザを回すときに、足元を動かさないことを意識させてください。

メニュー196 【下半身】モモの前側を伸ばす（テーブルレッグストレッチ）

ねらい モモの前の筋肉を伸ばすストレッチです。

手すりに足首をかけ、胸を反らせてモモの前を伸ばす

やり方

①手すりやイスを利用します

②後ろ向きに立ち、手すりやイスに足首をかけ、モモの前を伸ばす

③10～20秒キープして、反対側のモモを伸ばす

指導者MEMO モモの前側の筋肉を、強さを調節しながら伸ばします。足首の位置が高くなるほど、負荷が強くなります。

メニュー197 【下半身】ヒザ周辺をほぐす

ねらい ヒザ周りの筋肉をほぐすストレッチです。

両脚を伸ばし、それぞれのヒザに手を当てる

呼吸を止めずにゆっくりと回す

やり方

①両脚を伸ばし、それぞれのヒザに手を置く

②呼吸を止めずにゆっくり右方向へ回す

③左右10回ずつ回す

指導者MEMO 呼吸を止めないことと、ゆっくり大きく回旋することが大事です。慣れた動きだからといって、ただ回すだけにならないよう注意してください。

メニュー198 【下半身】背中周辺をほぐす

ねらい **背骨にそってついている筋肉をほぐします。**

寝転がってヒザを抱える。
できる場合は、体を前後に転がす

やり方

①足を伸ばして寝転がる

②両ヒザを曲げ、両手で抱える

③呼吸を止めず、20～30秒ほど同じ姿勢をキープするか、前後に身体を転がす

指導者MEMO

呼吸を止めないことが大事です。そのままの姿勢を保つ以外に、体を前後に転がすやり方もあります。腰に痛みの抱えている選手は、上半身をつけたままでもかまいません。

メニュー199 【全身】ランニング

ねらい **チームがひとまとまりになることで、練習に向けての一体感を作りだします。**

全員が一緒になる時間を作ることで、
練習に対する共通意識が生まれる

やり方

①全員がひとまとまりになる

②かけ声を合わせて走る

③事前に充分なウォーミングアップをしていれば、グラウンド1、2周でよい

指導者MEMO

ウォーミングアップは個々にできますが、このように全員でかけ声を合わせて走ることで、「一緒にやるぞ」という一体感が作れます。

メニュー200 フィジカルトレーニング

ねらい 筋力と筋持久力、柔軟性の強化や維持のために行います。強化時期は週に3回程度、頻繁にゲームが行われる時期は週1回程度が目安です。

【肩周り強化】フロント・レイズ

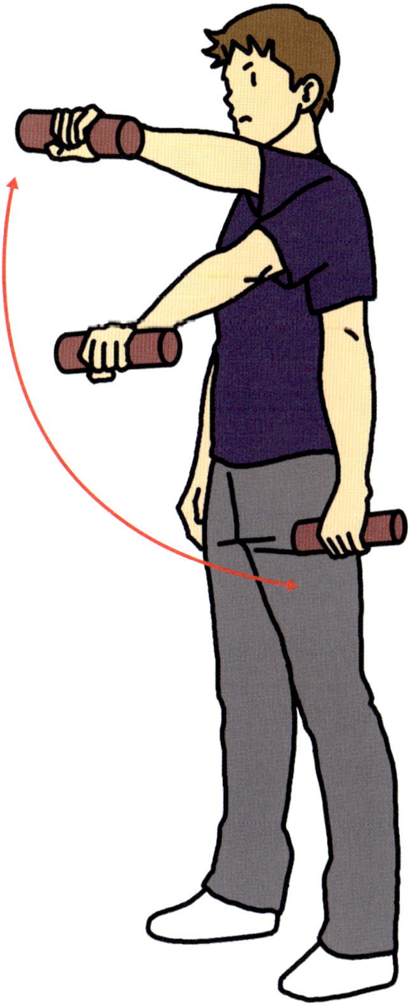

背筋が曲がっていると
反動を使いやすいので注意

やり方

①背筋を伸ばす。肩幅程度に足を広げて立ち、手の甲を前に向ける

②ヒジを伸ばしたまま、反動を使わずに持ち上げる

③下ろすときも反動を使わない

④10回を3セットほど、繰り返す

【肩周り強化】サイド・レイズ

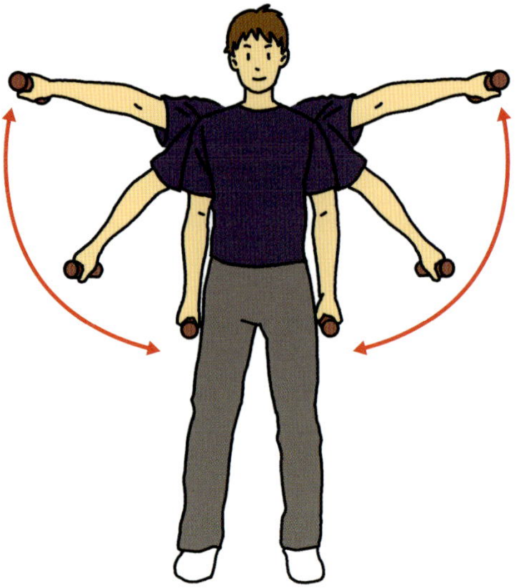

ヒジを曲げると
効果がないので注意

やり方

①両脚を肩幅程度に開く

②ヒジを伸ばしたまま、ダンベルを身体の真横に、肩よりも高く上げる

③ダンベルをゆっくりと下ろす

④10回を3セットほど、繰り返す

【肩周り強化】ベンド・オーバー・サイド・レイズ

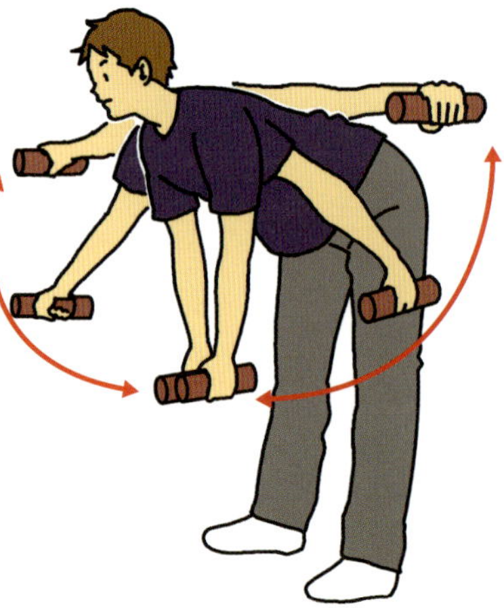

上半身が反ると、
腰を痛める原因になるので注意

やり方

①上半身を前に傾ける

②背中を伸ばし、まっすぐにする

③ヒジを軽く曲げ、ダンベルを背中の高さまでゆっくりと上げる

④ダンベルをゆっくりと下ろす

⑤10回を3セットほど、繰り返す

【手首の強化】リスト・カール

バーベルが重すぎると、手首の可動範囲が狭くなる。
その結果、筋肉がつく範囲も狭くなるので注意

やり方

①イスに座り、手のひらを上に向けてバーベルやダンベルを持つ

②前腕をモモに乗せ、手首を伸ばす

③前腕をモモに乗せたまま、手首を巻き上げるようにして、バーベルを上げる

④10回を3セットほど繰り返し、反対側もする

【手首の強化】リバース・リスト・カール

素早い動きはいらない。
ゆっくりと可動範囲全域に動かした方が、より広範囲に筋肉がつく

やり方

①手の甲を上にして、バーベルを握る

②前腕をモモに乗せ、手首を下げる

③前腕をモモに乗せたまま、手首を引き上げるようにして、バーベルを上げる

④10回を3セットほど繰り返し、反対側もする

【腕の強化】バイセップス・カール

肩が前にでると、
反動を使う動きになるので注意

やり方

①手のひらを正面に向けてダンベルを持つ

②背筋をまっすぐにし、足は腰幅程度に開く

③反動をつけずに、ヒジを限界まで曲げる。ヒジの位置は動かさない

④ヒジの位置を動かさず、ゆっくりと元の場所に戻る

⑤10回を3セットほど繰り返し、反対側もする

【腕の強化】コンセントレーション・カール

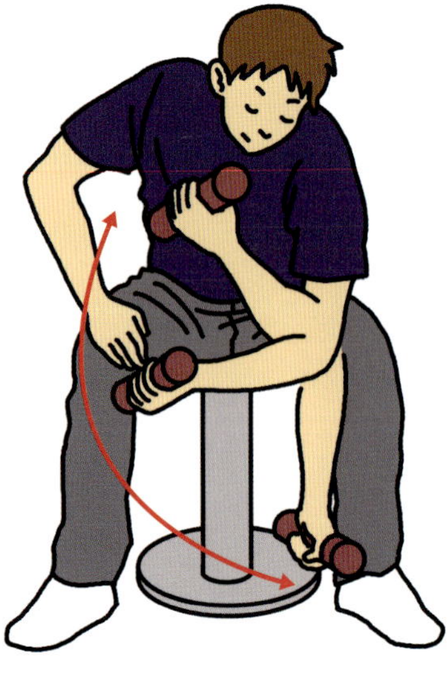

他のフィジカル・トレーニングと同様、
素早く動かすと効果がなくなるので注意

やり方

①イスに座り、両足を開く

②ヒジはヒザの近くにつけ、反対側の手はモモに乗せる

③ついているヒジを離さずに、ヒジをゆっくりと、前腕と上腕が着くまで上げる

④ゆっくりと元の場所へ下ろす

⑤10回を3セットほど繰り返し、反対側もする

【首の強化】ネック・エクステンション

頭を上げるときに背中が反ると、
効果がなくなるので注意

やり方

①イスに座り、首を下げる

②頭の上で手を組み、下方向に力を加える

③頭の上の手を押しながら首を上げる

④10回を3セットほど、繰り返す

【首の強化】ネック・サイド・フレクション

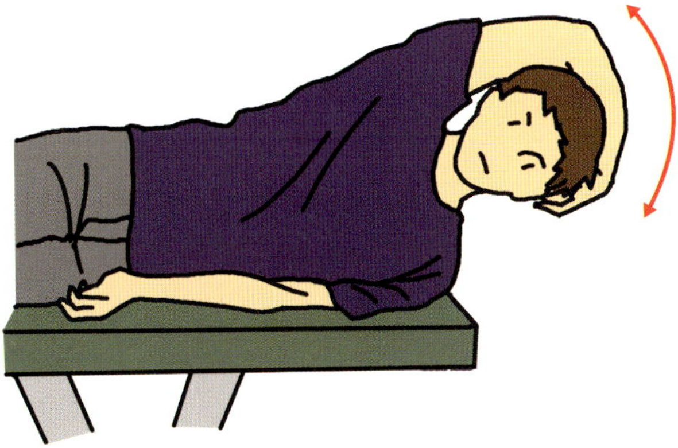

上半身が動くと、効果がなくなったり、
首を傷めるので注意

やり方

①片腹ばいになり、頭を下げる

②上側の手で、側頭を下に押す

③上半身を動かさずに、ゆっくりと頭を上げる

④首が曲がる範囲いっぱいに上げ、ゆっくりと下ろす

⑤10回を3セットほど繰り返し、反対側もする

【お尻周りの強化】バック・キック

やり方

①四つんばいになり、背中を伸ばす

②顔を正面に向ける。片足を後ろに伸ばしたまま、ゆっくりと上に上げる

③背筋を伸ばしたまま、ゆっくりと下ろす

④10回を3セットほど繰り返し、足を変える

顔を下に向けたり、
ヒジを曲げると効果がなくなるので注意

【お尻周りの強化】ランジ

やり方

①肩幅程度に足を開き、バーベルを肩にかつぐ

②片足を大きく前に踏み出し、反対側のヒザが床に着くまで曲げる

③体重を後ろ足にかけ、ヒザを伸ばしながら、ゆっくり元の姿勢に戻る

④10回を3セットほど繰り返し、足を変える

勢いをつけると、効果がでないだけでなく
ヒザを傷める可能性があるので注意

【脚の強化】レッグカール

特に足を下ろすときに、
バンドの縮む力に逆らいながら下げていく

やり方

①ゴムを足首よりも少し上に巻き、脚をそろえて立つ

②両手を頭の後ろで組み、ヒザを始点に脚をゆっくり上げ、ヒザを限界まで曲げる

③ヒザをゆっくりと伸ばし、元の姿勢に戻る

④10回を3セットほど繰り返し、足を変える

【お尻周りの強化】カーフ・レイズ

つま先を乗せる場所を高くするほど、負荷が強くなる。
はじめは平らでもよい

やり方

①頭の上で腕を組み、肩幅程度に足を広げる

②つま先を高くなっている場所へ乗せる

③カカトをゆっくりと、できるだけ高くあげる

④ゆっくりとカカトを下げる

⑤10回を3セットほど繰り返す

Column About the Baseball

指導者のためのコラム

日米のトレーナーの違い

日本で有名なコンディショニング・コーチという職種は、アメリカにはありません。日本のトレーナーにはマッサージや鍼灸の資格所持者が多く、彼らが痛みへの対処法を持っているため、対処療法が得意でした。

一方アメリカは、ケガに対しての考え方が異なります。痛みをとるのではなく、根本的な治療をして回復させ、再発させないことがトレーナーの役割になってきます。

このことから言えるのは、日本のトレーナーは総じて対処療法に優れ、アメリカのトレーナーは根本療法に優れています。

現在の日本では、対処療法だけでなく、根本的な治療やリハビリの知識も必要とされています。そこで対処療法はトレーナーに、根本療法やリハビリはコンディショニング・コーチに、という区分と職種が生まれました。

指導者テクニック編

指導者も技能と技量が必要な立場です。
その中でも、最低限身につけていただきたい
指導者としてのテクニックを紹介します。

指導者が身につけるテクニック

選手の能力にあった教え方

教学半

選手は、一人一人違った骨格を持ち、筋力を持ち、長所・短所、向き・不向きを持っています。性格も違えば、育ってきた環境も違います。

そんな選手に同じことを求め、同じことだけを教えても、できる選手とできない選手が出てくるのは当たり前です。

選手一人一人の個性を見て、考え、教え方を変えることが、指導者には必要です。

できないことを怒って、できるようにすることだけが指導ではありません。できることを褒め、さらに長所を伸ばしたり、もっと野球を好きにさせてあげたり、野球を通して礼儀を教えたりすることも指導です。

100人いたら100通りの教え方があるので、教えを学ぶことに終わりはありません。

私の好きな言葉は、「教学半」（おしうるは、まなぶのなかばたり）です。指導者の立場は、常に勉強していることなのです。

選手の個性を大切にしてあげてください。しっかり見てあげてください。その上で、指導できることを考えていきましょう。そうすれば、その選手から学ぶことがたくさん出てきます。

「野球をやっていて良かった」「野球が好きだ！」という選手を一人でも多く育てていきましょう。野球は素晴らしいスポーツです。その素晴らしさを体感させてあげることが指導者の役割だと思います。

チームプレーの素晴らしさを伝える

チームプレーの精神は「相手への思いやり」です。野球に限らず、バレーボールやサッカーなど、チームプレーで競うスポーツには共通のことです。

キャッチボールひとつとっても、相手の捕りやすい場所に投げるという「思いやり」が大切です。相手に愛情を持ってプレーすることが、何より重要なのです。

指導者にはこのことを、選手1人1人に伝える義務があります。

指導者が身につける
テクニック

何よりもノック技術

大事なノック技術

1.狙ったところへ打つ
2.きわどい打球を再現する
3.飛距離の調節
4.キャッチャーフライ

ノックの技術は、絶対持っていなければなりません。選手が練習する以上に、指導者は努力して練習してください。

ホームベースからノックを打って、各ベースに当てるくらいの技術が必要です。さらに言えば、一塁と三塁ベースに当たって外に逃げていくようなボールが打てるまで練習しましょう。

アメリカンノックでも、外野の狙った場所に落とせるようになってください。

指導者のノック技術が上がれば、必ず選手の技術が上がります。練習も盛り上がります。技術、内容ともに良い練習を目指して、ノックの練習をしましょう。

ノックの練習法

まずは狙った場所へ当てることです。
目標になるのは、各塁のベース。選手よりも早くグラウンドに来て練習してみましょう。

1.バットは短めに持ち、つま先を打ちたい方へ向ける
2.コンパクトなスイングをし、インパクト後は視線を狙った方へ向ける

指導者が身につけるテクニック

選手の悩みを取り除く

プロのチームには、カウンセラーやトレーナーがいるところもあります。ですが通常は、このようなことも指導者の役割です。

野球に関することはもちろん、私生活や仕事面での悩みも含めて相談に乗れる、そんな信頼関係を作れたら、立派な指導者です。

ここでは野球の話に特化しますが、具体的な話を例に、どのように選手の話を聞き、解決に導くかのヒントを紹介します。

自分の能力がないと、落ちこむ選手

選手「最近、チームメイトの齋藤くんがメキメキ上達しています。それに比べて、自分がまったく上達していないように思えるんです。コーチにも怒られてばかりだし」

江藤「でも、野球が好きじゃないのか?」

選手「はじめた頃は楽しかったです。でも、今はわかりません」

江藤「野球を始めてどれくらいになるんだ?」

選手「リトル・リーグからですから、10年以上です」

江藤「野球が好きだから、それだけ長く続けてこられたんだろう。コーチはなんて怒るんだ?」

選手「他の選手よりもボールの処理が遅いと」

江藤「自分自身はどう思うんだ?」

選手「たしかに捕球後の処理が遅いと思います」

江藤「そうか。ちなみに、自分が他の選手よりもいいんじゃないかって思うところは何?」

選手「捕球処理の後の送球は速いと思ってます」

江藤「そうしたらきみの捕球処理の時間は、その後に速い送球をするために必要な時間なんじゃないかな。人と1つの技術だけを比べるんじゃなくて、自分の特徴を意識して、自分流のプレーでいいだろう。実際、結果的に人より速く返球し終えるのだから」

状況解説

この選手は、野球が好きだから長く続けてこられました。ですが人と技術を比べてしまい、自分の欠点にばかり目がいくようになってしまったのです。彼には、人よりも送球が速いという特徴がありました。このよさを選手自身に再認識させ、よさを活かすプレーを促してあげた結果、彼の悩みは解決しました。

試合前になると不安でたまらない

選手「明日の試合を考えると、ミスをする自分を想像してしまって･･･。不安がどんどん大きくなり、練習に身が入らない時もあるんです」

江藤「彼女にフラれたらどうしよう?なんて心配する前に、彼女ともっと仲良くなる工夫をしよう。そんなことと同じだな」

選手「はぁ」

江藤「そうなるかわからない明日を考えても、どうにもならないだろう。それよりも、不安になった技術を想い出して、その技術を失敗しないように練習すればよいでしょう。」

状況解説 このような不安を持つ選手はたくさんいます。ですが、どうなるかわからない未来をくどくど考えても仕方ありません。今は失敗しない工夫をすることに目を向けさせれば、選手たちは今、何が必要かを認識し、練習に集中でき、その結果不安が取り除かれます。

試合でのミスを引きずる

選手「昨日の試合、ぼくのエラーで負けてしまって･･･」

江藤「あれは取り返しがつかないエラーだったたな。そう思うだろ?」

選手「はい･･･」

江藤「そう思うのなら、忘れなよ。どう後悔しても取り返しがつかないんだから。それよりも、二度と同じ失敗をしないためには、どうしたらよいかを聞かせてくれ」

状況解説 過去の失敗にばかりこだわると、自責の念をもち、いつまでもそこから逃れられません。大事なのは「今、ここ」に目を向けさせ、過去を断ち切ることです。そのためには、これから必要なことを、自分自身でどんどん考えさせます。

今、何が必要かを考える

ここに数例紹介しましたが、どのチームでも起こりうる問題です。基本的には、終わったことよりもこれからのこと、過去よりも今、です。そのことが頭にあれば、選手によいアドバイスができると思います。

野球の神様は、必ずいます。

私はそう信じています。
野球の神様は、
いつも選手たちを見ています。
用具を使えば使いっぱなしにする、
バットを平気でまたぐ、
ボールを無造作に蹴る、という選手には、
神様は上達を与えてくれません。

大リーグで活躍している
イチローのスパイクは、
いつもピカピカです。

大リーグには用具係がいて、
選手の用具を磨いてくれますが、
イチローはその後にさらに
自分で磨くほど用具を大切にしています。
彼の数々の偉業は、
本人の努力はもちろんですが、
道具を大事にする彼の姿に感銘した
神様が少し手を貸してくれた結果かも
しれません。

用具を大切にしましょう。

そして野球の神様に感謝しましょう。
今日もこうして元気に野球ができることは、
本当に素晴らしいことなのですから。

江藤 省三

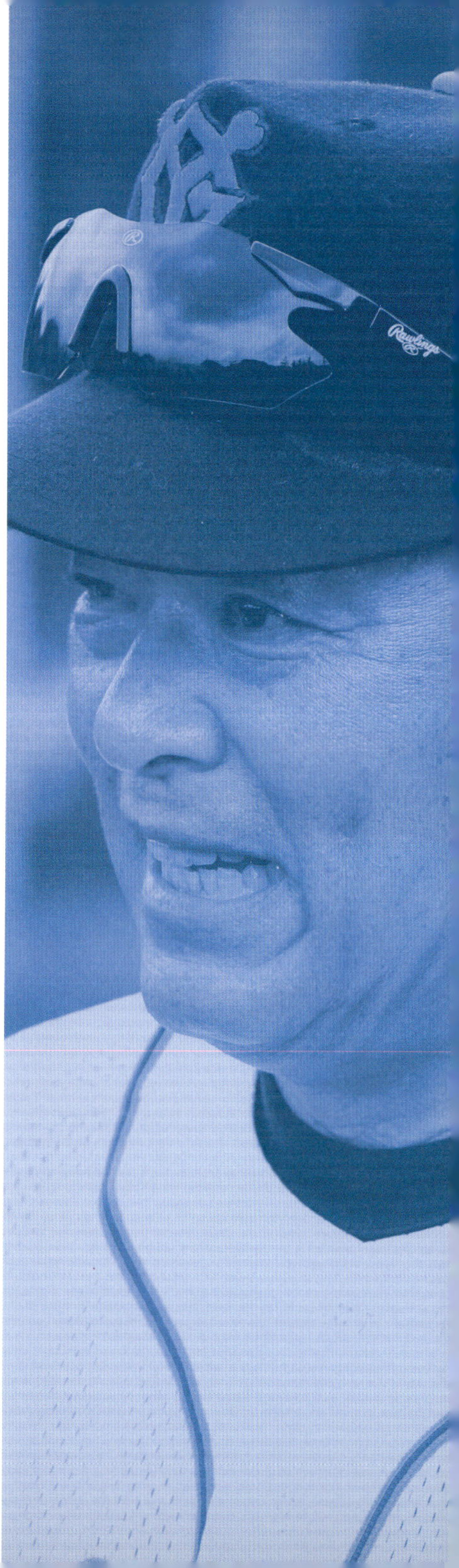

監修者 江藤 省三（えとう しょうぞう）

1942年　4月20日生まれ。右投右打、熊本県出身
1961年　中京商業高校（現中京大中京高校）
　　　　主将として春夏甲子園出場
1965年　慶應義塾大学主将
　　　　二塁手として初の四季連続ベストナイン
　　　　同年アジア大会優勝、MVP受賞
1966年　ドラフト3位で読売ジャイアンツに入団
1969年　中日ドラゴンズに移籍
1976年　現役引退
1980年　読売ジャイアンツコーチ
1995年　千葉ロッテマリーンズコーチ
1999年　JOC強化コーチ
2003年　横浜ベイスターズコーチ
2004年　NPO法人JBBA（ジャパンベースボールアカデミー）設立
2006年　社会人野球クラブ横浜ベイブルース代表

　現在、全国で野球教室を開催、東京中日スポーツ野球評論家、慶應義塾大学硬式野球部技術委員長、プロ野球OBクラブ指導力向上委員長などマルチに活躍中。

モデル

山田 将太
小長谷 洋介
加藤 裕
鈴木 海

STAFF

監修
江藤 省三

プロデュース
松尾　喬（ナイスク）

ディレクション・編集・制作・校正
佐藤 紀隆（ナイスク）
齋藤 徳人（ナイスク）

デザイン
Design Office TERRA

撮影
真嶋 和隆

構成・執筆
鈴木 真樹

イラスト
仲谷 明奈（ナイスク）
ナイスク：http://www.naisg.com/

SPECIAL THANKS

モデルチーム
横浜ベイブルース

考える力を身につける
野球 練習メニュー200
個人技術・組織プレー

監修者　江藤省三
発行者　池田　豊
印刷所　株式会社光邦
製本所　株式会社光邦
発行所　株式会社池田書店

〒162-0851　東京都新宿区弁天町43番地
電話03-3267-6821（代）／振替00120-9-60072
落丁・乱丁はおとりかえいたします。

ISBN978-4-262-16320-8

0801312